# 経済学の名著30

松原隆一郎
Matsubara Ryuichiro

ちくま新書



785

# 経済学の名著30【目次】

## II

# はじめに

経済学の古典の世界へようこそ。読者をその豊穣な思索の宇宙へと誘うにあたって、案内の方針を説明したい。

その方針とは、取り上げた三〇冊にかんし、それぞれの著者の意図をできる限り再現し、歴史的な経緯もふまえて紹介すること。「なあんだ、当たり前じゃないか」と思われるかもしれない。しかし単独の著者による「経済学説史」と銘打たれた類書で、この方針が守られることは滅多にない。政治学や社会学、宗教学といった他の分野からすれば、不思議なことと思われるかもしれない。いかにして原著者の意図を厳密に理解するのかが学説史家の使命であり、様々な学説が構成する思索の全体がそれぞれの学問であるのだから。

ところが経済学には、異なった傾向がある。多くの古典の解説（たとえばサムエルソン『経済学』における学説史の部やマルクス派の教科書）が、特定学派の優位を示したり、その由来を説明するために書かれているのである。そうした傾向は、学派の共存に寛容でない、つまり単独学派の独占状態をあえて忌避しない経済学に特有の風潮に由来している。

なかでもかつてのマルクス派、近年では新古典派やその分派である新自由主義派（マネタリズム・合理的期待派、俗称でいえば市場原理主義派）は、一定の期間、独占状態を謳歌した。そしてそうした独占状態を持続させるために、他説を排除しようとする。

けれどもそうした読み方は、読書として貧しい。古典が古典であるゆえんは、異なる時と所での観察や思索をもとに、現在を支配する考え方に対しまったく別の地平から異論をつきつけてくるところにある。議論が乗っている地平そのものが異なるのだから、まずはそれを理解しないと反論もできないだろう。しかし独占志向が強すぎるせいか、経済学には誤解したままでの反論があまりにも多い。「経済学の進歩」と言われるものの大半は、誤解によって異説を排除し、自派の説を体系化することにすぎない。

象徴的なのは、本文でも何回か触れるように、ケインズを「賃金の下方硬直性（労働が供給超過であっても賃金が下がらない状態）ゆえに非自発的失業が生じる」として公共投資の必要性を主張した人、ととらえる新古典派の解釈である。新古典派は需要と供給の関係で市場を理解するから、非自発的失業とは労働市場における需給不均衡でしかありえず、それが生じるのは賃金（価格）の伸縮による需給調整メカニズムが外的要因によって機能不全を起こしているからだ、ということになる。そこで新古典派に属するA・C・ピグーは賃金を下げさせない労働組合を糾弾した。

そうした理解に対しケインズは、賃金を下げれば有効需要が縮小し、さらに非自発的失業が増える、と批判した。つまりケインズは別の「地平」に立って議論しているのだが、新古典派は別の発想を受け入れないため、ケインズが彼の批判するピグーと同じ主張をしているかのようにとらえてしまうのだ。

しかし、自派のとはまったく異なる発想がありうることを知ることこそが、古典を読むという行為の醍醐味である。ケインズの『一般理論』を通読しても第一二章は読み飛ばすとか、スミスの『国富論』に目を通しても「自然な資本投下の順序」という概念は無視するといった読み方では、古典を読んだことにならない。たとえ理解できなくとも、また自説にとって不都合であっても、違和感を否定せず記憶に留めるような謙虚さを持ち続けることが、古典を読むことの意義なのである。そうした謙虚さがあるならば、起こりうる事態の確率分布が事前に分かっているような「リスク」だけから市場が構成されているとみなして金融市場の規制緩和を過剰に求め、その結果として金融恐慌を招き寄せるといったことは避けられたはずであろう。すでにナイトは、市場にはリスクとは異なって、いかなる事態が起きるかさえ不明であり、確率分布も当然不明である「不確実性」が存在することを指摘していたのだから。

したがって本書では、古典の読み方として著者の意図をできる限り再現し、のちの解説者によって否定されたような概念についても前向きに紹介している。ヒュームの「文明」、ワルラスにとっての「社会経済学」やメンガーにおける「販売可能性」、マーシャルにおける「経済的国民主義」、ポラニーの「二重運動」やハイエクの「主観主義」等である。多くの学説史で否定的に語られてきたこれらの概念は、むしろ経済学と政治学や社会学、哲学といった他の分野との橋渡しを可能にするものであろう。

経済学の古典全体を体系づけるような枠組みをここで示すことはできないが、しかしF・ブローデルが用いた「市場経済」と「資本主義」という対比が便利であることは述べておきたい。経済とは貨幣と商品の交換の連鎖のことだが、その連鎖を商品が商品と交換されるように見るのが市場経済であり、貨幣がより多くの貨幣をもたらすように見るのが資本主義であるとすれば、市場経済という見方においては商品やそれとかかわる技術や欲望が主役であって貨幣はあまり強調されず、資本主義という見方では貨幣や資産が中心に据えられて商品は背後に退いていく。

市場経済はヒューム、スミス、リカードから新古典派やハイエクによって論じられた。技術や欲望の革新を扱ったシュンペーターやヴェブレン、ボードリヤール、個人ではなく集団に注目したリストやマーシャルもこの系列に置くことができる。このグループは、多くの場合、金融市場を実物経済と両立しうるものとみなしてきた。せいぜい、スミスのように、貿易収支により貨幣を貯め込む重商主義に対しものづくりを重視する立場から批判するだけであった。ウェーバーのゾンバルト批判も、同様の趣旨からなされたといっていい。

一方、資本主義は、スチュアートからマルクス、ケインズのように、貨幣そのものを蓄積しようとする人間の性向を重視した人々によって論じられた。貨幣を使うに際しての個人の自己決定が不可能になってしまうような不確実性や不安に注目したという点では、ナイトやポラニーもこの一団に含めてよいかもしれない。この一団は、資本主義と市場社会の間に矛盾が横たわっており、資本主義を、ときに市場経済に襲いかかるものとしてとらえてきた。実物経済をも侵す今次の金融危機は、二〇世紀前半の大恐慌に続く資本主義の市場経済に対する逆襲である。

もちろんこうした見方は私のものであり、本書のような解説も私の読み込みにすぎない。読者には、どうか自由に古典に接していただきたい。幸い、日本は翻訳大国である。原著に当たる前に、多くの訳書が読者を待っている。混沌として見える経済の現在を少しでもよく理解し、闇としか思えぬ未来に一歩踏み出すために、古典は考えるヒントを与えてくれるに違いない。

＊

本書執筆にあたっては、当初、福田恭子さんに編集の労をおとりいただいた。幾度も叱咤のメールをいただいたにもかかわらず福田さんが筑摩書房を去られるまでに本書を完成できなかったことは、痛恨の極みである。しかしそれでも完成にこぎ着けることができたのは、筆者の遅筆を知りつつ編集作業を引き継いでくださった増田健史氏の情熱と（脱稿へ追い込む）技量のおかげである。特段に記して謝したい。

# I

## ロック『統治論』（一六九〇）
### ——私的所有権がもたらす自由とその限界

ロック（一六三二―一七〇四）イギリスの哲学者・政治思想家。社会契約論が名誉革命やアメリカ独立に多大な影響を与える。

人が耕し、改良し、栽培し、そしてその作物を利用しうるかぎりで、それだけの土地がその人の所有権に属する。彼はその労働によって、それだけの土地を共有地からいわば囲い込むのである。また彼以外のすべての人が同じようにその土地に対して権利を持っているのであって、したがって、仲間のすべての共有権者の同意がなければ、彼は、その土地を占有することも囲い込むこともできない、といっても、彼の権利は無効とはならないであろう。（第二篇第五章）

#### †自由民主主義の思想的源泉

一般には近代の経済学はアダム・スミスに始まるとされるが、スミスは人間の行動が理性よりも情念に導かれるとみなし、国家や制度を国民が合意で創出するなどとは考えなかった。その点、ジョン・ロックの『統治論』第二篇[1]は、普遍的な状況を仮構してみるモデル分析や、自律的な個人の同意によって国家を含む社会制度が構成されているとする社会契約説といった特徴において、現代の主流派経済学に向かう直系の思想的源泉である。

ロックは一六三二年、イングランドのサマセット州に生まれた。家庭は小地主層に属し、敬虔なピューリタンとして育った。ロックの少年時、イギリスはピューリタン革命(一六四二―四九)の暴動と内戦に揺れた。国王を断頭台で処刑するものの共和制も長続きせず、一六六〇年に王政復古を迎える。ロックはこの革命につき暴徒が国政を混乱しただけの「無益な企て」と断じた。しかし一六八八年の名誉革命については、人々は同意によって樹立された立法府以外の権力には服さないという原理を打ち立てたとする。王権と議会の関係をめぐる争いに決着をつけ、社会を安定へと導く政治事件として高く評価し、その正当性を本書によって論証しようと試みたのである。

革命以前の王権は、伝統や慣習の裏づけを有し神聖不可侵とされていたが、本書はこれを批判する民主主義政治革命の書として読まれ、とりわけ財産が奪われることへの抵抗権と「同意による統治」の概念は、課税拒否などの論拠として一〇〇年後のアメリカ独立革命に際し頻繁に引用された[2]。ロックは第一篇ではR・フィルマーの王権神授説を批判、第二篇ではそれに代わる社会秩序像を提示している。

こうして本書は、名誉革命を正当化する政治文書として読み継がれてきた。しかし経済に注目しつつその記述を俯瞰《ふかん》すれば、民主化への政治的関心そのものよりも、市場社会の勃興《ぼっこう》という時代の流れに即した統治がいかなるものかを究明せんとする面が色濃く見えてくる。同様のモデル分析はホッブズも行なったが、そこでは資源は有限とされていた。労働によって資源が増えるという市場経済に即した分析は、ロックが創始したのである。

当時のイングランドでは商品経済が浸透して、市場化が土地や労働・資本といった生産要素にも及び、羊毛業のためのエンクロージャー（囲い込み）が農業における生産性上昇をともなって農民に階層分化が生じ、ジェントリに昇格する層と没落して離農する層へと分かれていた。新興の産業資本家は余剰労働を土地から切り離し、マニュファクチュアで雇用するようになる。生産物は労働や土地・資本の所有者へと分配された。

こうして生産要素の所有者が誰であるかが封建時代のように身分で決まらなくなると、代わりに生産要素に対する私的所有権が誰に属するかが分配のあり方を決定することになる。その決定ルールの論理化を試みた本書は、封建社会の慣習経済から産業社会の市場経済への転換をも跡づけたのである。ロックは多数決や国民主権、国民の抵抗権などの民主主義原理を個人の自由や法の支配といった自由主義原理から導いたが、それは同時に生産要素の私的所有権をも定めた。現在の世界を支配する自由民主主義の基本原理は、ロックによって初めて述べられたのである。

## †ロックの経済哲学――六つの原理

ロックの自由民主主義の経済哲学は、次のいくつかの原理から成っている。下川潔『ジョン・ロックの自由主義政治哲学』（名古屋大学出版会、二〇〇〇）の用語で整理してみよう。

まず神は人間に対し、規範＝自然法を共有することを命ずる。自然法は世界に秩序をもたらすが、別途ロックが『人間悟性論』（一六八九）で述べたように、人間の認識能力としての理性や感覚はその秩序を知るための手段にすぎない。ここで人間は、当初は理性や道徳にかかわる先天的能力をまったく持たないが、自然法に従いつつ教育を通して自律性を獲得し、自分の人身（生命・身体・健康・能力・行為）を支配する「自由」を有するようになる（「人身所有権の原理」）。それに際し、他者は本人の同意なくその自由に介入してはならない。他者が私の労働を好き勝手に売るなど、許されないのである。ここでは、成人にかんし、みずからの理性や感覚によって意思を統制し、行為を支配するという「自己決定する主体」が仮構されている。

また人間は、人身への所有権を労働や貨幣使用、交換や契約、相続といった自然的方法によって拡大し、財産所有権（プロパティ）も獲得しうる（「財産所有権の原理」）。自然資源や生物は、人類に共通の財産として神から授かったものである。人間が労働によって自然に働きかける、たとえば木の実を採り土地を耕すと、労働と自然物は混合し、自然物に対する所有権を獲得することができるという（「所有権の結合の原理」）。神によって与えられ共有されていた自然資源や生物は、労働を通じて分割され私的所有権を配分されるのである。自分の身体に対する所有権を出発点として、共有の自然へ、そして財産の所有権へと個人の支配圏が拡がっていくわけだ。ただしこれには重要な制限があって、他人に危害を及ぼさないようにすること、他人にも十分に自然資源を残しておくことという条件がつく。そして生命と財産・自由に対する所有権は、当人の「同意」によってしか解除されない。

以上は、自然法のもとで人々が誰にも服することなく自由に活動する自然状態である。けれども活動が活発化すると、衝突が起こるかもしれない。人身の安全を確保し正当に獲得した財産を保全するために法や裁判官・執行権が必要とみなされると、人々は「同意」によって政治社会を形成するようになる。それと引き替えに、他者へ服従する場合が生じる（「同意と服従の原理」）。こうして市民の同意によって生まれた政治権力は、正義実現のためにのみ行使され、もちろん恣意《しい》的に用いられてはならない。ここで言う正義とは、財産所有権（プロパティ）の侵害という「不正義」を取り除くことである（「正義の原理」）。権力もまた法の支配を受けるが、立憲主義においてはそのことが「公共善」である（「公共善の原理」）。

## †ロックはリバタリアンか？

ロックは自律的・理性的であるだけでなく勤勉でもある労働する市民を、経済を慣習的な循環・停滞から発展へと転換させる近代産業社会の担い手とみなした。彼は自然が与えた以上の価値を労働が付加する近代の幕開けにおいて、分配ルールの発生原理に注目したのである。

ただし、個人の所有権を保護する最小国家の必要性のみを認め、「大きな政府」を否定するR・ノージックの『アナーキー・国家・ユートピア』（一九七四）以降のリバタリアニズム（自由至上主義）にロックが同調したかとなると、容易には肯《がえ》んじえない。土地の所有権は開発した者に帰属するといったロックの主張は、現実には一七世紀において進行していた国内のエンクロージャーや海外での植民政策の奨励に向けられ、フロンティアをいち早く占有することを勧める論理を与えていた。

ロックの他の著作にも散見されるのは、植民地はあくまで本国への原料の提供地や余剰労働のはけ口であり、国内産業を発展させるためには輸入規制や輸出奨励も促進すべきだという重商主義的な見解である。ロックは市場の秩序形成力に注目しながらも、同時に国家を、国民経済を攪乱《かくらん》要因から保護し、資本蓄積を進める必要条件と見ていたのである。

## †私的所有権の配分問題

ロックに対する批判は、「他人にも資源を十分に残す」という但し書きにより機会均等原則が守られるというのは果たして本当か、という点に集中している。彼は先んじて資本蓄積することを推奨しているが、それだと独占が固定されてしまう、資本家と労働者との間の対等な同意などありえず、見えざる搾取が資本主義システムにより隠蔽《いんぺい》されている、といった疑問である。これらは現在でも、ロックを引き継いだとする新自由主義に対して投げかけられている。

土地や資本も含め資源を先取することとの問題は、リカードが想定したように、資源のフロンティアに限りがある場合に生じる。それに対しロックの「但し書き」は、手つかずのフロンティアが発見され、それがごく一部しか独占されてはいない段階、資源の限りが見えてこない状態を論じたと見ることもできる。(3)技術革新が市場経済の原動力とみなされるようになり、それによってインターネットという以前には存在しなかった情報空間のフロンティアが突然に拓かれ、ブラウザーや検索エンジンという新領域が開発されているという近年の経験は、本書の問題関心がいまだ生命力を保っていることを示している。

むしろロックが提示した私的所有権の配分問題は、手つかずのフロンティアや有限であれ分割所有が妥当な自然資源ではなく、私有を否定すべき公共物が私的に占有される時に紛糾を呼ぶ。たとえば富士山の見える「空の視界」は、誰もが共有しうる公共財と認識されている。にもかかわらず地所を所有するビルが高層化されると、富士山の視界に私的所有権が配賦され、占有されてしまう。建築基準法や都市計画法の規制を緩和すると、高層階の住人のみが富士山の絶景を眺望できるというように、「空の視界」に私的所有権を割り当ててしまうのである。けれども人格と身体の労働と財への所有権は、別個に切り離すことができるものだろうか。

生きていることで意味を感受する人間の人格は、何を食べ、どこに住み、どんな景色を眺めどういう仕事をするか等々で構成されている。都市の景観や山地の自然、広い空などは、共有されることを前提に個人の自律を可能ならしめている。それを物理的に切断するのは、公共性を毀損《きそん》するとともに、個人の自律を揺るがせてしまう。ポラニーが述べるように、土地・資本という生産要素は、労働とともに、選択の対象であるよりも、主体が選択以前に生活の拠り所とするものなのだ。ロックならば、それらに対する私的所有権は、自然法の制約を受けると述べたかもしれない。それをも選択や占有の対象にしうるとするのがリバタリアンであり、彼らのロック観であった。

生涯敬虔《けいけん》なピューリタンであったロックは、個人の意思決定が自然法の拘束を受けると考えたが、神なき世界においてもロックがリバタリアンのごとく個人の自律を可能とみなしたかどうかは不明である。そこで同じく自由主義を掲げても、ヒュームやスミスはむしろ個人が他人との交流や歴史の拘束を受けるという理解を示すこととなる。

John Locke, "*Two Treatises of Government*", 1690

(『全訳統治論』伊藤宏之訳、柏書房、一九九七)

## ヒューム『経済論集』(一七五二)
### ——奢侈《しゃし》と技術が文明社会を築く

ヒューム(一七一一—七六) スコットランド生まれ。経験主義哲学の傑作『人性論』でデビュー。『道徳・政治論集』『人間知性研究』等。『イングランド史』では歴史家としての名声も博した。

このようにして人々は、奢侈の快楽と商業の利益とを知るようになるのであって、かれらの精緻な嗜好と産業活動とは、それらがひとたび目覚めると、内外の交易のあらゆる部門にわたっていっそうの改良をおこなわせる。そしてこのことがおそらくは外国人との通商から生ずる主要な利益である。(「商業について」)

#### †「黙約」とは何か——ヒュームの人間観・制度観

一七〇七年にスコットランドはイングランドと合邦してブリテン王国となったが、実情としては、商業先進地帯であるイングランドへ吸収されたに近かった。不満を抱いたスコットランド人は、イングランドが強いる商業主義に拒否感を示し、とりわけそれが招いた腐敗に対しては、共和主義者の道徳的な言葉遣いで抵抗した。共和主義とはハリントンの『オシアナ共和国』(一六五六)が示した考え方で、ロックが唱えたような個人主義や自由主義、商業主義といった近代的な価値観に対し、古典古代(ギリシア・ローマ)の倫理や政治を想起しつつ疑問符を投げかける立場である。

一七世紀末にはイングランド銀行が史上初の中央銀行として設立され(一六九四)、政府は公債を発行して資金調達するようになった。それによってブリテン王国は頑強な官僚制と強大な海軍を保持、フランスなどとの戦争に勝利して、重商主義政策を進めた。重商主義者たちは貿易を通じて得られた資産の大きさを国力の表れと考え、債権者や投機家が政治への発言力を強めつつあった。

これに対し共和主義者(ハリントニアン)たちは、腐敗を防止する制度を創設すべく階級間で勢力を均衡させるよう土地所有制の刷新を図った。しかし、すでに株式・債権・貨幣などが財産として保有されるようになっており、権力は不動産だけを基盤としなくなっていた。そして金融経済の急速な拡大は投機ブームを呼び、一七二〇年にはついに南海バブル事件が勃発、バブル崩壊後のブリテン社会は大混乱に陥った。

デイヴィッド・ヒュームが言論活動を展開したのは、ロック的な自由主義者と、それに抵抗する共和主義者とが対立する論陣を張ったこうした時代である。ヒュームの特徴は、その双方から距離を取ったことにある。ヒュームはすでに『人性論』（一七三九—四〇）で、ロック的な急進主義ともハリントン的な守旧主義とも異なる第三の立場を哲学的な見地において準備していた。

人の知覚は印象の束にすぎないが、それを秩序づけるのが経験である。所有権などの社会制度も、人が知性によって創造したものでも神の意志によってもたらされたものでもなく、必要と経験から生み出された。各人は互いの所有を尊重することが自分の長期的な利益につながることを、他者との交流のなかで体験し学ぶ。正義・不正義も、便宜的なとりきめである「黙約 convention」から生じる。黙約とは、自然に起因するのでも人工的に制作されるのでもなく、ひとつの舟で幾人かが統率者抜きでオールを持つとき自然に協調しあうようになるボート漕ぎに表れるような、自生的な協調性である。黙約は共通の利益にかんする一般的感覚であり、約束・契約に先行する。

ヒュームは、人はロックが考えたように生まれつきのままで自然状態におかれたならば、情念の奴隷となり、熱狂のうちに理性を見失うという。情念を飼い慣らすこと、それが黙約と、歴史を経て継承された慣行の働きである。黙約には、「所有、同意による移転、そして約束の履行」があるという。

## †奢侈と技術――ヒュームの商業論

ヒュームはこうした人間観・制度観を背後におき、本書では勃興しつつあった市場社会の諸問題を分析している。第一は、消費欲望にもとづく奢侈とそれを実現する技術が、経済を発展させるという見方である（「商業について」）。商業によって産業が発展すると、人は社交の楽しさを知るようになり、文化を洗練させるとともに都市化や国際化を進める。人は出会い、探求心や虚栄心から産業や学芸を発展させるが、そうした「社交」が都市や国際舞台においても技能や知識、趣味を洗練させるのである。ヒュームにとって「文明」とは奢侈を通じて感覚を洗練させることであり、勤労上の技術や機械的な技術、学芸にかかわる技術や富の獲得技術、統治の技術など、技術全般が進歩することであった。奢侈と技術は市場を拡大しつつ、文明を発展させるという。

ヒュームの黙約論は、伝統に固執するのでもそれを破壊するのでもなく、伝統を現実に合わせて再編しようとするものだった。共和主義は農業を重視し、それはケネーの重農主義にも通じるが、ヒュームは農業だけしか存在しない時代には低い評価しか与えていない。古典古代の共和制は、商業を忌避したせいで、有徳ではあっても粗野な市民しか生まなかった。そうした時代には、労働はすべて土地の耕作に費やされ、社会は土地の所有者と隷属する借地人という二つの階級に分かれ、確執と抗争を繰り返した。徳を四角四面に追求し、腐敗を糾弾してやまないような共和主義者は、「いささかも罪でないような奢侈さえも非難し、市民本位の政府にありがちの腐敗や無秩序や党争は挙げて奢侈に起因するとしている」。しかし商業や産業の発展は理性の研磨を促し、政治的な支配者に寛容さや穏健さを芽生えさせる。商業社会において、徳は社交における「作法manners」の洗練として表れるだろう。(4) これがヒュームの判断であった。

## †人口増加論

第二は、こうした商業論の背景となる人口論である。一八世紀後半のフランスやブリテン王国で、古代と比べ人口は増加したのか、それとも減ったのかを問う「人口論争」が勃発した。いまだ人口統計が整備されていなかった当時にあって人口の推定が直接の目的ではあったものの、その副産物として奢侈的な商工業の是非が問われることとなった。モンテスキューは『ペルシャ人の手紙』(一七二一)において人口減少論を唱え、ローマ帝国の崩壊以後、小土地所有制が瓦解して、ヨーロッパの人口は五〇分の一程度にまで減少したと主張した。これをイギリスで受けたのがウォーレスで、彼は近代社会が生み出した土地の不平等な所有と奢侈的な商工業の発展のせいで、人口が減少していると見た。富裕者が購入する奢侈品を製造するために土地や人口などの資源が振り向けられ、食糧生産は減少、人口も減少したというのである。

これに対しヒュームは、奢侈的な製造業が発展すれば、農業部門で働く人たちの間に工業製品に対する欲望が生まれると考える。その結果、製造品を獲得するため、農民はより勤勉に働くことになる。したがって商工業が発展した社会の方が人口増に適しているはずだ、と言うのである。人口減少論者が資源の有限性を前提にのちのリカードを先取りするような停滞論を掲げたのに対し、ヒュームは欲望と勤勉の好循環が生産性の向上と発展をもたらすという理屈による人口増加論で応戦したのである。停滞か発展かにかかわる論争は、ここを端緒とする。

### †貨幣および公信用をめぐって

第三は、貨幣数量説の原型となる論理である（「貨幣について」「貿易差額について」）。重商主義者は貿易差額の蓄積を訴えたが、それにより金が流入するならば、物価の騰貴と輸出の不振を招くだろう。貨幣増加→物価上昇→輸出競争力の低下→貿易赤字の増大→貨幣減少→物価下落……という循環が趨勢《すうせい》となるはずだ、というのである。こうした見方は、保護貿易や帝国主義戦争を通じて貴金属貨幣をより多く勝ち取ろうとする重商主義を退け、奢侈と技術進歩により展開される産業活動やそれとともに増加した人口に応じて貴金属貨幣が自然に配分されるという法則性を重視するものである。貨幣(ヒュームの時代には貴金属)は経済の実体を覆うヴェールであって、その増減は実体を変化させないとする「貨幣ヴェール観」の原型となるもので、ヒュームは経済において実体(生産と消費)が貨幣面から分離独立しているととらえていた。

第四にヒュームは、ブリテン王国の初代首相ウォルポール(在任一七二一―四二)が発行した公債の累積を、政治の腐敗よりも危険とみなした(「公信用について」)。ヒュームは貨幣の流通額を技術や産業活動の水準に比例させるべきと考えたが、疑似貨幣である紙幣や公債はその比例を破って配分されてしまう。また公債は後代に負債を押しつけるから、現在の国民に負担を強いることなく資金を調達することができ、帝国の拡大志向を財政面で支える。けれども政権がずるずると国債を発行すると、洗練とは対極の野蛮な帝国主義戦争が繰り広げられ、それは国民が公債を買い支える限り続行される。公債が償還されると盲信する投資家の野放しの情念が経済をバブル化させ、ついにははじけるまで持続されるのである。ヒュームがアメリカの独立を唱えたのも、アメリカがブリテン王国の財政にとって重荷になるとみなしたからだった。

## †文明社会への進歩——ヒュームの歴史観

こうした経済論は、歴史解釈も一転させる。ロック的な社会契約説の見方では、一七世紀の市民革命により過去の絶対王制が廃棄され、理性的な人民の社会契約によって近代的な自由民主主義国家が現れたことになっている。ここでは、歴史は革命により断絶しながら進化する。ところが王政は復古した。伝統を墨守する古来の国制も、自然状態で合理的に契約される国制も、ともに自由の基盤とはなりえなかったのである。

それに対しヒュームは『イングランド史』(一七五四—六二)において、絶対君主制のチューダー朝(一四八五—一六〇三)と王権が濫用されたスチュアート朝(一三七一—一七一四)を、たんに革命によって否定された暗黒の時代ではなく、文明が次第にかたちとなって現れる揺籃期と解釈した。チューダー朝においてバラ戦争(一四五五—八五)の内戦は平定され、国家体制が整って秩序と統一がもたらされる。産業が発展し始め、生活様式も変わり、封建制は崩れていく。貴族権力の増大を抑制するために人身と所有の保障が行なわれ、人格的な自由の概念が定着した。名誉革命によって法の支配も確立すると、自由主義にもとづく「文明社会 civilized society」が展開されるようになる。(5) 自由な市場が文明社会を進歩させるという楽観論は共有しながらも、英国史を漸進的なものとしてとらえ、社会契約説の革命史観は拒絶したのである。こうした歴史観は、スチュアート朝に対する否定的な評価を覆しただけでなく、文明社会の展開に期待を寄せながらも古くから残った制度や慣行を打ち棄てることへ警鐘を鳴らす役割を果たした。[6]

中世キリスト教や共和主義者が嫌った消費欲望、そして社会に変動をもたらした技術革新を文明社会構築の原動力として肯定したことで、ヒュームはロックとは別の形で市場文明の幕開けを告げた。技術・消費・貨幣の三項は、ヒュームの経済論においては円環をなしていたのである。後代の経済思想は、その一部にのみ光を当てることになる。

David Hume, "*Political Discourses*", 1752
（『経済論集』田中敏弘訳、東京大学出版会、一九六七）[7]

## スミス『道徳感情論』（一七五九）
### ——共和主義と商業主義をつなぐ「同感」

スミス（一七二三—九〇）スコットランド生まれ。ハチスンに学び、ヒュームを友とする。グラスゴー大学・道徳哲学教授。

富と名誉と出世をめざす競争において、かれはかれのすべての競争者を追いぬくために、できるかぎり力走していいし、あらゆる神経、あらゆる筋肉を緊張させていい。しかし、かれがもし、かれらのうちのだれかをおしのけるか、投げ倒すかするならば、観察者たちの寛容は、完全に終了する。それは、フェア・プレイの侵犯であって、かれらが許しえないことなのである。……したがってかれらは躊躇なく、侵害されたものの自然の憤慨に同感し、加害者は、かれらの憎悪と義憤の対象となる。（第二部第二篇第二章）

**†市場社会の正義と徳——何がフェア・プレイの侵犯か**

『道徳感情論』は、アダム・スミスの出世作である。正義が中心的な話題とされるのは法論（『法学講義』水田洋訳、岩波文庫）で、『国富論』はその一部として構想された。スミスは自己の主張の全体を道徳哲学（moral philosophy）と呼んだが、それは互いに相関する道徳論、法論そして市場論から成っていたのである。

本書は一七七六年に出版した『国富論』よりも一七年前の著作ではあるが、一七九〇年に没する数ヵ月前、「まったく別の書物」と評されるほど大幅に手を加えた第六版が出版された。結局のところ（書籍として刊行するほどまとまったものとしては）、スミスの思索は本書に始まり、『国富論』をはさんで、本書の改訂をもって終わったのである。スミスの言いたかったこと、そして言い損なったと考えたために最晩年に言い直したことが、本書には込められているはずである。

『道徳感情論』は「利他主義」、『国富論』は「利己主義」を唱えた書という俗説はいまなお一部に根強いが、水田洋の解説によれば、これは一九世紀ドイツで生まれた誤りであるらしい。スミスは本書では、利己主義にかかわる（古代以来の）「慎慮」も、利他主義にあたる（中世キリスト教的な）「仁愛」も、ともに退けている。

スミスはギリシア・ローマ時代の古典的共和主義を高く評価し、しかし共和主義がもっぱら批判の矢を向ける商業社会と市場の拡大についても肯定しようと試みた。プラトンやアリストテレスの倫理学は、ギリシアの都市国家をモデルに構想された。そこでは生産活動に従事する奴隷は市民の資格から排除され、有徳でありうるのは支配者階級だけと想定されていた。しかしスミスが生きた一八世紀には、支配―被支配の区別を脱した中産階級（商人や製造業者たち）が主役に躍り出ていた。すべての個人が自然法原理によって権利を保障される平等な道徳的存在となったのであり、それゆえ古典的共和主義は、そのままの形では現実に適用できない。そこでスミスは古典的共和主義の徳の理論に大胆な修正を加え、それが否定する市場社会についても、あるべき形を提示するのである。過去の倫理学説を総点検しつつ、次々に覆してゆくアクロバティックな思考の展開には、息を呑む思いがするだろう。

スミスが関心を寄せたのは、引用にあるように、「フェア・プレイの侵犯」の基準とは何かであった。一八世紀の半ばには、中世までは認められなかった「富と名誉と出世をめざす競争」が、受け入れられつつあった。そこでは競争相手を追い抜いて構わないとされたにもかかわらず、ある一線を越えるやり方で他人を押しのけたときには、フェア・プレイの侵犯が意識された。その基準は何なのだろうか。スミスによれば、社会においては互いに愛情がなくても、商人が行なうように損得勘定で結ばれることがありうる。しかし商業においても、正義がなければ交換は存続しえない。不正義に対する憤慨は、加害者への個人的な嫌悪から来るのではない。他者への侵害が市場社会を存続しえなくするから、被害者の憤慨が第三者の同感を呼ぶのである。では被害者の憤慨は、どのようにして第三者にも共有され、フェア・プレイすなわち正義の基準となるのだろうか。

## †人はいかに「同感」するのか

スミスは第六部「道徳哲学の諸体系について」で、「徳の本性」にかんする既存の諸説を検討している。「徳の本性」は、スミスによれば「慎慮 prudence」「仁愛 benevolence」「適宜性 propriety」の三つの形をとった。エピクロスの慎慮説によれば、人間の至高の幸福は肉体の安楽や精神の平静にあり、快楽や苦痛にかんする慎慮によって達成される。そして「富と名誉と出世をめざす競争」も、慎慮を動因とする。人はそれ以外の対象、たとえば知識の修得や友人・国家の安寧には、みずからの快楽に資する限りでしか関心を寄せない。しかしスミスが注目する正義という徳は、むしろ後者にかかわっている。またハチスンの仁愛説は、純粋で利他的であることを徳とみなすが、神ならぬ人間は、細心や節制・不動心・勤勉・分別などの自己利害関心をも徳として称賛すべきであろう。こうスミスは考える。

そこでスミスは、「適宜性」に注目することを促す。徳は、プラトンによれば「自制」

であり、有徳な人は真偽を判断する力だけでなく、欲望と意向の適宜・不適宜を識別し、自制する能力をも併せ持つ。またアリストテレスによれば、徳はひかえめにするという慣行であった。ともに徳を、欲望をいかに慎むかについての適宜性の判断としたのである。しかし古代ギリシアは支配者と奴隷とから成る社会であり、有徳でありうるのは支配者に限られるとみなされていた。

そこでホッブズやハチスン、ヒュームは、適宜説を引き継ぎつつ、近代において有徳であり正義に適うことを、「是認の原理」として読み替えた。是認とは特段の判断力がなくとも適宜性を判断できること、端的には他人に「同感」しうる能力のことである。では、競争においてアンフェアな行為で侵害を被った人に対し、人々はいかにして同感するのだろうか。

スミスは是認の原理として、「自愛心」「理性」「感情」の三つを挙げる。自愛心は、ホッブズやプーフェンドルフがそこから是認を導こうとしたものである。しかしひとり息子を失った人の悲嘆を理解しようとするとき、「私がひとり息子をもっていて死なれたらどれほど苦しいか」ではなく、「私があなたであれば、どれほど苦しいか」を考えるだろう。是認は同感であり、「あなたの理由にもとづいて自分が悲嘆する」のだから、利己的なもののつまり自愛心ではない。理性を挙げる人もいるが、是認は感覚と気分にもとづいており、理性では割り切れない部分がある。スミスはこう考え、ハチスンやヒュームの感情説を支持した。

自愛心と合理性を強調するホッブズの社会契約説は新古典派・新自由主義の背景となるもので、経済的自由主義という共通性からスミスの市場社会観もそれを共有すると思われるかもしれないが、「正邪についての最初の諸知覚が理性からひきだされうると想定するのは、……まったく道理にあわないし理解できない」（第六部第三篇第二章）というように、『道徳感情論』は、むしろその批判を縷々《るる》述べる書物であった。

スミスの有名な説明は、こうだ。何らかの被害に遭った他人に対して同情するとしよう。しかし人は他者の感情を直接に経験するわけではないから、観察者として想像力を駆使し、自身を他者の境遇においてみるだろう。そうした「立場の交換」によって、同感が得られるのである。似た立場にヒュームの共感説があるが、ヒュームは共感を、他人の情念が表情や会話に表れる外的記号から推測される（たとえば「幸せらしさ」のような）ものに止めた。スミスは一歩踏み込んで、それを観察者が外見から推測するだけではなく、相手の胸中に入り込んで自ら追体験して抱く感情とみなしたのである。

同感は、「立場の交換」という人々の感情のやりとりの中から次第に形成され、最終的には正義としての法と内面における良心に結実する。正義や良心は、有徳でない普通の人も他者との交流のうちに胸中で感じ取りうるような規範であり、それぞれの社会において慣行に結晶している。「学校へ行くほどに、あるいは同輩と交わるほどに大きくなると、……子どもは、自然に、彼らの好意を獲得し、また彼らの憎悪または軽蔑を回避することを望むようになる。……こうして彼は自己規制という偉大な学校に入る」。我々は様々な情念を持つのだが、徳ある大人はそれぞれの社会において是認される規範に従い、自己規制するようになる。神のような理性や愛を持たずとも、立場の交換と自己規制を通じて自己形成が行なわれ、社会にも秩序が自生する。人は孤立する個人の集まり（自然状態）においで合理的な計算を行ない、他者と賢く付き合おうとして社会を形成するのではない。人はまずは他者に対して様々な情緒を抱き、それによって社会的存在となり、しかるべき後に自己を生成させるというのである。

ただし一八世紀も末に近づくと、スミスはヒュームのように商業社会が趣味や作法を洗練させ、文明を進展させると楽観することはできなくなった。普通の人々が社会という学校のなかでおのずから有徳な存在に育ち、社会に秩序をもたらすと期待されたのに、案に相違して政治家や交易業者の腐敗が目立つようになっていたのである。それが、スミスが第六版を大幅に改定した理由であろう。スミスは『国富論』では重商主義を批判したが、第六版での改訂箇所では、重商主義の担い手である商人と、市場活動に目覚めた製造業者の腐敗を意識したとされている。

### †市場経済にはびこる「称賛への愛好」

そこでスミスは第三部第二章に、「称賛への愛好」と「称賛にあたいすることへの愛好」の峻別《しゅんべつ》を付け加えた。称賛にあたいしない場合であっても、称賛を要求する腐敗した輩が出没し始めたからだ。「富裕な人びと、地位のある人びとに感嘆し、貧乏でいやしい状態にある人びとを軽蔑または無視する」という道徳感情の腐敗（第一部第三篇第三章）が起きたのである。そこでスミスは、他人の目（同感）だけを気にかけるのではなく、称賛にあたいすることを愛好しなければならないと言い添える。立場の交換に止まらず、同感の手続きを繰り返し、その過程を延々と続ければ、最終的には特定の当事者にも自分にも偏らない「中立な観察者 impartial spectator」の境地に到達することができると結論するのである。

新たに書き下ろした第六版第六部（初版の第六部は第六版では第七部）では、高慢と虚栄は「自己規制」されねばならないと強調されたが、それはストア派の哲人のごとく達観した人にのみ可能として、以前の版では普通人が形成する社会には求められていなかった。重商主義により普通人の徳は高慢と虚栄に堕し、市場社会をも歪《ゆが》めるというのがスミスの観察だった。

一九世紀末のアメリカでT・ヴェブレンは、贅沢品を競って消費するさまを「衒示的消費《げんじてき》」と揶揄《やゆ》した。「われわれはしばしば、世間の尊敬にみちた注目が、英知あるもの、徳のあるものに向かってよりも、富裕なもの、地位あるものに向かって強く向けられるのを見る」と書くスミスは、すでに一〇〇年前、市場経済における「称賛への愛好」が、見せびらかしに堕すことを目撃したのだった。

Adam Smith, "*The Theory of Moral Sentiments*", 1759
（『道徳感情論』上・下、水田洋訳、岩波文庫、二〇〇三）

## スチュアート『経済の原理』（一七六七）
### ――バブルと不況の原因として社会心理に注目する

スチュアート（一七一三―一七八〇）スコットランドの経済学者。「最後にして最大の重商主義者」と通称されてきたが、近年『国富論』に先立ち別のコースで経済学を成立させたとの評価が広がっている。

為政者（これは立法府と最高権力とを意味する一般的な用語であって、政治形態のいかんによってさまざまに呼ばれる）は、意のままに経済を樹立する主人でもなければ、また、その最高権力の行使にあたってすでに制定された経済の準則を思いのままにくつがえすような主人でもない。彼がこの世で最も専制的な君主であるにしてもである。（序言）

### †最後にして最大の重商主義者？

ジェームズ・スチュアートには、「悲劇の経済思想家」という印象がつきまとっている。名誉革命で追放されたスチュアート家の復権を企てるジャコバイトの乱にかかわったとして一八年にわたり大陸を流浪することとなり、辛酸を舐《な》めつつ執筆された本書では、スミスの『国富論』よりも九年も早く経済学を体系的に論じておきながら、盛名において天と地の差がある。

だが、それだけではない。『国富論』が誰とは名指さず重商主義者を批判したことが大きく影響し、スチュアートはながらくスミスの敵、「最後にして最大の重商主義者」とみなされることとなった。ところが長大な本書には、経済主体の自由な活動を封じる為政者《ステイツマン》の統制や、貿易黒字を上げることだけをひたすらに目指すような重商主義は、どこにも論じられてはいない。スミスが実物経済と市場の自由化を重視し圧倒的な支持を得たせいで、市場への介入を論じたものはすべて重商主義者とみなされてしまったのである。

けれども本書でスチュアートが唱えたのは、そのようなことではない。近代は社会に自由を持ち込んだが、市場は安定とともに不安定も抱え込むこととなった。それは貨幣のせいであり、為政者は不安定さを取り除かねばならない。これは自由に対する干渉というよりも、不安定さを政策的に抑えて自由を保障するということであったが、一国の経済は歴史的な段階を踏んで発展するのであるから、それぞれの段階によってなすべき政策は異なる。しかもスチュアートは発展の段階が貿易のあり方に現れると考えたから、政策的介入は貿易に現れた発展段階をどう理解するかによっても違ってくる。

思想史から言えば、スチュアートはヒュームに発する系譜においてスミスとは異なる道を模索し、貨幣経済の不安定性や有効需要の創出を述べた点ではマルクスやケインズ、発展の段階に注目した点ではリストを生み出す源泉であった。だが二〇世紀以前に彼を高く評価したのはマルクスのみであったことからも分かるように、スチュアートは見逃され、読まれても誤解にさらされたのだった。

### †近代社会をどうとらえるか

スチュアートによれば、人間とは「社会的な生きもの」である。そして中世以前においては、統制が社会の編成原理であった。ところが「アメリカやインド諸島の発見、産業と学問の勃興、商業や奢侈的工芸の導入、公信用制度と全般的な租税制度の確立によって、この三世紀間にヨーロッパの事情に生じた大変化は、あらゆるところで統治計画を一変させた。それは、封建的、軍事的なものから、自由で商業的なものになった」。すなわち、権威にもとづく縦の統制原理だけで編成された中世を脱した近代においては、自由を謳歌する人々がもたらした経済的な相互依存にもとづく横の統合原理も重なって、政治は商業経済から生み出される租税や公信用を原資に、その発展と安定を図るというのである。

スチュアートはこうした複雑な近代社会につき、単純な部品を順次積み上げるようにして描写する。章立てで言えば、「Ⅰ　人口と農業について／Ⅱ　交易と勤労について／Ⅲ　貨幣と鋳貨について／Ⅳ　信用と負債について／Ⅴ　租税と租税収入の適切な使用とについて」となる。

### †有効需要論と発展段階説の先駆け

まずスチュアートは、ヒュームの人口論と商業論を継承する。近代は奴隷制をとらないから、農民に強制して自己消費を越える量の余剰を生産させることはできない。奴隷労働や自給自足ではない利己心にもとづく労働は勤勉《インダストリ》と呼ばれるが、農民が自由意思にもとづいて余剰を生産するのは、非農業部門（そこに就業する人々は「フリー・ハンズ」と呼ばれる）で生産される財に欲望を抱くからである。それは生存のため生理的に必要とされる以上を求めるもので、世論の同意にもとづく「習慣や教育」によって形づくられる。奢侈による消費欲望の喚起が食料をも増産させ、人口を増やすという理屈である。

ところがこの過程は、ヒュームやスミスが楽観したようには発展し続けない。需要は実物との交換によってではなく、貨幣を差し出すことによって満たされるからだ。つまり需要とは、貨幣的な概念なのである。そして貨幣が退蔵される、つまり過少消費の状態に陥ると、供給された商品が求める貨幣額と、需要に示された貨幣額は不均衡になる。こうした状態をスチュアートは「有効需要 effectual demand」の不足と呼んだが、ここで人口の減少や失業が生じることとなる。これに対し為政者は、「巧妙な手」を講じなければならない。富者の奢侈を刺激して消費需要を拡大したり、公共事業を行なうなどの有効需要政策が必要になるのである。

スチュアートはこの地点で、ヒュームと決別する。というのもヒュームは一種の貨幣数量説を唱え、貴金属が国内でより多く流通すれば、物価は騰貴するとしたからだ。ところが貨幣が保有されてもそれが消費に支出されず退蔵されるなら、商品価格は上昇しない。これは貨幣数量説が成立しないということで、貨幣が市場均衡にかんし非中立的であるというケインズの有効需要論の先駆けとなる論理である。

ヒュームの貨幣数量説では、物価下落→輸出増（海外需要増）→貨幣増加（輸出超過）→物価上昇→輸出競争力の低下→貿易赤字化（輸入超過）……という風に、輸出入の超過額が自動的に解消される循環が想定されていた。スチュアートは貨幣保有が増加しても消費喚起につながらないと、物価が騰貴せずに輸出入の超過が自動的には解消されない可能性があることを示した。そしてそのとき産業構造が変化し、一国経済はスチュアートが「トレードの三段階」と呼ぶ階梯《かいてい》をたどって発展すると言う。「幼稚」な段階では、後発国として幼稚産業の保護が行なわれると、勤勉が拡大し利潤も増大する。しかし生産が高まり国内需要を上回るようになると、需要の不足は外国からの需要がもたらす貿易差額で埋められねばならない。「外国」段階である。このとき奢侈を追放し、節倹に励み、輸出財の価格を低水準に止めるよう誘導する必要がある。すでに発展した産業には、保護を加えるべきではない。排他的特権を緩和するのが為政者の義務である。そして流入した貨幣が惹起するインフレによって輸出が困難になる「国内」の段階では、国際競争力が低下するから、積極的外国貿易は停止して国内で節倹から浪費へと転換を図らねばならない、という。こちらは、リスト的な発展段階説の先駆けである。為政者はこのように段階に応じた政策誘導を行なうべきだといい、スチュアートはいかなるときにも貿易黒字の拡大を目指す重商主義は採らないのである。

## †バブルと不況のしくみ――社会心理と経済政策

さらにスチュアートは、鋳貨は対外決済と銀行の兌換《だかん》準備に使うに止め、国内流通は銀行券で行なうことを提唱する。銀行券は、手形割引によりイングランド銀行が発行する。それにより、金鉱の採掘状況による鋳貨不足の脅迫から解放されて、資本不足は為政者の配慮次第で解消できる。本書出版から七〇年を経た一八三〇―四〇年代に通貨論争が起きるが、この提言も、兌換券の流通を金の存在量に応じて発行すべしとする通貨主義を批判し、通貨の裁量的発行を唱える銀行主義の先駆けと言えよう。

けれども中央銀行は、未開発国では整備されていない。そこでスチュアートは、銀行が担保にもとづき発行する私的信用に注目する。彼は土地担保発券銀行を構想し、地代収入だけでは通貨需要を満たせない地主は、不動産を担保に銀行から紙幣を借り、これが信用として流通すれば貴金属鋳貨の不足分が補われると考えた。この過程を通じ土地の流動化(「融解」)も促進されるという。

同様の構想にもとづきフランスで私的信用の原理に立つ銀行を創設したのが、ジョン・ローであった。「ロー・システム」では、土地や株式を担保に銀行券を発行し、この銀行券で国債の償還を行なうものとされた。私的信用による発券銀行の設立は鋳貨への過度の依存を抑制するとして、スチュアートはこれを評価している。しかし銀行券の増発に歯止めがかからなくなると、株価が騰貴し、それが新たな銀行券を求めてバブルが生まれる。こうして一七二〇年、ロー・システムは破綻《はたん》したのである。

ロー・システムの崩壊から、スチュアートは次のような教訓を得た。そもそも信用とは、契約において義務が果たされるだろうという期待のことである。信用は国民の精神のあり方により、高まったり失われたりする。また貨幣の退蔵にせよ奢侈品に対する欲望にせよ「生活様式の精神」次第であり、生産は「勤労の精神」にのっとっている。精神が過度に楽観に傾くとバブルが生じ、悲観に陥ると不況を招く。為政者はこれらの社会心理を観察し、政策を講じなければならない。もっとも急激な変革は社会心理を動揺させるから、政策の前提が変わってしまう。それゆえ急激な変革は慎まねばならない。

このように社会心理の観察を唱える本書の考察は、一〇〇年の時を経てケインズの貨幣経済論に受け継がれた。ヒュームを起点にしながらリスト・ケインズに向かったという点で、スチュアートはスミスとは異なる道程を切り開いた。しかし引用文にあるように、市場を意のままに操作する権力はありえない。そう見抜いていたスチュアートの慧眼《けいがん》は、金融危機に脅かされ、外需から内需への転換が望まれる今日の日本でこそ、求められている。

Sir James Steuart, *"An Inquiry into the Principles of Political Oeconomy"*, 1767
(『経済の原理』小林昇監訳、飯塚正朝他訳、名古屋大学出版会、〔第1・第2編〕一九九三、〔第3・第4・第5編〕一九九八)

## スミス『国富論』（一七七六）
### ――「自然」な市場活動がもたらす「豊かさ」

スミスは渡仏して重農主義者・ケネーと出会い、自由主義経済学に傾倒。七六年に『国富論』を出版、重商主義を批判し古典派経済学の創始者となる。他に法論があるが、講義録しか残っていない。

各人が社会全体の利益のために努力しようと考えているわけではないし、自分の努力がどれほど社会のためになっているかを知っているわけでもない。外国の労働よりも自国の労働を支えるのを選ぶのは、自分が安全に利益をあげられるようにするためにすぎない。生産物の価値がもっとも高くなるように労働を振り向けるのは、自分の利益を増やすことを意図しているからにすぎない。だがそれによって、その他の多くの場合と同じように、見えざる手に導かれて、自分がまったく意図していなかった目的を達成する動きを促進することになる。（第四編第二章）

## †市場に対する素朴な楽観？

アダム・スミスは『道徳感情論』で、「誰もが交換することによって生活し、換言すればある程度商人になる」ような近代の商業社会において、「適宜性」が同感を通じて実現する一方、中流階層が「慎慮」によって幸福を追求し「財産の道」を歩むことで、「徳と富」がともども実現されるという見通しを打ち出した。『国富論』はこれを受け、慎慮としての利己心の発動が、富の創出すなわち経済の成長をもたらすさまを描いている。

市場が余剰生産物を取引する周縁的な場ではなくなり、生産物のみならず労働・資本・土地に至る生産要素までも取引する中心的な制度となったのが近代だとすると、近代における経済の動向をいち早く包括的に分析した点で、『国富論』は経済学の幕開けを告げた書とみなされている。なるほどこの本の叙述には、おおよそ市場に対する素朴な楽観が脈打っている。価格によって資本や労働を移動させる市場の調整機能の分析、主権者の義務は国防や司法、道路・橋・運河といった公共施設の建設に止まるとする「小さな政府」論、労働移転を円滑に進めるための徒弟法や同業組合法の（今ならば「構造改革」と呼ばれるであろう）撤廃論、貿易に対する政府の介入や植民地所有を否定する貿易自由化論など、現代において新自由主義が唱える概念が一通り出揃っている。

けれどもスミスに対する「経済的自由主義者（楽観主義者）」という評は、政治思想家のD・ウィンチが『アダム・スミスの政治学』(8)で評するように、「一九世紀のラベル」にすぎない。古典が描く世界観は、その時代の文脈や著者の他の著作とのかかわり抜きには理解できない。古典が現代経済学のアリバイ作りに古典を引き合いに出すのは、古典の読み方として貧しい。『国富論』は、あくまで一八世紀の歴史的文脈で読まれるべき作品なのである。

### †「豊かさ」のメカニズム――分業と市場、そして重商主義批判

『国富論』の論理構成そのものは、さほど複雑ではない。中心となる主張も、政策によって歪められず自然な状態におかれれば、市場経済は物的な豊かさを最大限引き出すことができる、というように尽きている。スミスにとって豊かさとは、消費者としての国民が生活の必需品・利便品・娯楽品を手に入れる力を持つことだった。その力を「金銀」といった通貨が有すると考え、それを貯め込むため税や規制、植民地支配によって輸出を促進し輸入を抑制させるよう説いたのが、当時イギリスを席巻していた重商主義であった。しかしスミスは、通貨はモノを作り消費するときの媒介でしかなく、交換される価値を超えて貯め込むことは不可能だとみなす。鉱山が発見され金銀の流通量が倍増したとしても、豊かさには変わりがないからだ。いわゆる「貨幣ヴェイル観」である。

「豊かさ」とは畢竟《ひっきょう》、製品を生産する力であって、その大きさ（生産能力）は、分業の度合いと投入される生産的労働の量によって決まる。大部の本書は劈頭《へきとう》の第一編で、そう宣言する（ただし、モノを生産しないようなサービスすなわち裁判官や軍人、聖職者、法律家、医者、ダンサーやオペラ歌手などのサービス業者は、非生産的労働に分類される。現代日本におけるようなサービスの増大は、豊かさとはみなされていない）。

ある商品の価格が、それを市場にもたらすため使用された土地の地代と資本の利潤、労働の賃金とを支払って過不足ないとき、それは自然価格と呼ばれる。自然価格は、人口が増え生産力が高まり、商品に対する需要（市場の規模）も拡大する（逆もありうる）ような成長の動態において、長期的に需給の均衡がとれている状態を示している。それに対し市場価格は、現実に市場で示される価格である。スミスは自然価格と市場価格とが乖離《かいり》するとき、市場の働きによって、市場価格が自然価格に収斂《しゅうれん》していくという。たとえばある商品の市場価格が自然価格よりも高いなら、利潤を求め資本や労働・土地は他の商品分野から移転されてくる。その結果、供給量が増え市場価格は下がってゆく。こうした市場理論は、資源の移転によって均衡がもたらされるとするマーシャル的な調整理論を先取りするものといえるだろう。

生産工程の専門分化によって分業を推し進め、また労働者を適切な業態で雇用し生産を行なうことが資本家の役割であるから、製造業における産業資本家たちが本書の主人公であり、その動向が第二編で分析されている。彼らが利益率とリスクを勘案し、より儲かりより安全な方面に資本を自由に移動させ、工場を建設し分業を進めて労働力を雇用するならば、生産力は最大のものとなるだろう。現実がそうなっていないなら、それは不自然な規制や優遇策が採られているからであり、そうした不自然さをもたらしている元凶が重商主義だ、というのである。

そこで高率の関税や完全な輸入禁止といった輸入制限、戻し税や輸出奨励金・通商条約といった輸出促進策、そして植民地所有が批判され、さらに労働移動を阻む徒弟法や同業組合法・(補助が定住地に限られる)救貧法、さらには広大な土地を分割相続しないため土地が改良されず放置される原因となっている長子相続慣行の撤廃が、訴えられている。これが重商主義を批判する第四編である。

### †自然な資本投下の順序

ここまでの議論は、ごく整合的なものに見える。『国富論』は、こうした論理構成によって経済学の出発点を画す作品とみなされた。ところが「国による豊かさへの道筋の違い」と題して発展の事例を述べた第三編以降、第四編「経済政策の考え方」を経て国の経費と収入を考察する第五編「主権者または国の収入」に至るまで、スミスの筆致には明らかに異なるトーンが混ざっている。それまでの理論的な考察（第一編「労働の生産性の向上をもたらす要因と、各階層への生産物の分配にみられる自然の秩序」、第二編「資本の性格、蓄積、利用」）とはうってかわり、経済の実態にかんする驚くほど膨大なデータや知識が込められているのだが、それだけではない。

第三編でスミスは「自然な資本投下の順序」なる考え方を持ち出し、利益率が同じなら、資本はまず土地の改良と耕作のため農業に投じられるべきで、次いで都市における製造業へ、そして貿易は後回しにされるべきだとするのである。これは、自然価格と市場価格とが乖離したままになっているとすればそれは市場が適切に働いていないことの表れであり、不自然な政策が講じられているせいだとする自由化の論理とは別物であろう。

この「自然な資本投下の順序」については、「ほとんど全面的に破産している」(9)とまで酷評されてきた。だが矛盾をはらんでいるにせよ、なぜスミスがそう考えたのかは一考に値する。なにしろこの理屈は、後半の六割近い記述に散見されるのである。名著として鳴る古典でありながら、六割が否定されているというのは、奇観としかいいようがない。

その「自然な資本投下の順序」について、スミスはこう説明している。農村は美しく、田舎暮らしは楽しい。農業と製造業は、事業を直接に「監視し監督」できる。ところが貿易を試みて取引相手の人格や状況を知らずに遠くの商人に巨額の信用を与えれば、「人間の愚かさと不誠実さというはるかに不確かな要因によっても資産を失いかねない」。にもかかわらず現実のヨーロッパではこの順序が逆転し、植民地との貿易振興が重視されて製造業が発展したり、農業が疎《おろそ》かにされたりしている。それは重商主義のせいだ、というのである。ここでは「自然な資本投下の順序」を狂わせるという理由で重商主義が否定されているのだが、それと自然価格・市場価格の乖離論との関係は自明ではない。

### †グローバル市場はなぜ腐敗するのか

この「順序」という言葉で連想を呼ぶのが、死の直前に加筆された『道徳感情論』第六版第六部第二篇第一章「諸個人が自然によって、われわれ自身の配慮と注意にゆだねられているその順序について」である。絶筆となったこの章でスミスは、同感がどのような順序で周囲に及ぶかを記している。同感はまず子どもに対して、次いで兄弟姉妹、さらに近い親戚関係、そして近所に暮らしている人と広がってゆくのだという。

一方、『国富論』では、分業を行ない商品を交換するという面に、論述の焦点が当てられている。商品の交換だけであれば、市場は趨勢《すうせい》としてグローバルに広がってゆく。しかしある人が取引の適宜性を判断すべく相手と「立場の交換」をも行なうならば、利己的な経済活動は、たんなる合意による交換のみならず、同感による是認もともなうはずである。グローバルに展開する市場経済と、広がりに限界を有する人間性に対する信頼とは、鋭く対立する可能性がある。両者が対立しないのは、共同作業である農業、分業が発展した製造業、外国との貿易という順に資本投下が進む場合だ、というのがスミスの見立てではないか。

晩年のスミスは、グローバルに展開される市場経済は、腐敗を免れないと見ていた。グローバリズムとは見知らぬ外国との取引が日常化することであり、外国が国内より優先されたなら、立場の交換によって生き生きとした想像を得ることは困難である。それを象徴するのが重商主義者たちの腐敗であり、外国のよく知らない相手については信頼することができない、というのがスミスにとっての「自然さ」だった。アメリカ植民地の独立を支持したのも、そうした理由からである。スミスは重商主義を否定し自由貿易を唱えたとされているが、自然状態で人々はコミュニティの経済や国民経済を優先するはずだ、というのが彼の真意だろう。

商業主義の光のみが語られているかに言われる本書だが、分業が進むと単純作業に明け暮れ人心が荒廃するなど、世相を睨《にら》んで陰の部分についても指摘は及んでいる。後半部には、あまり紹介されていない大学論や宗教論など、脱線気味の話題も満載である。自由市場は、教育や宗教により補完されない限り維持されないということだ。この本は、まだまだまともには読まれていない。

Adam Smith, "*An Inquiry into the Nature and Causes of the Wealth of Nations*", 1776

（『国富論』上・下、山岡洋一訳、日本経済新聞出版社、二〇〇七）

## リカード『経済学および課税の原理』（一八一七）
### ——自由貿易と階級社会の桎梏《しっこく》

リカード（一七七二—一八二三）イギリスの経済学者。比較優位説等にもとづき穀物法の撤廃と自由貿易を唱え、『人口論』の著者で保護貿易を主張する親友T・マルサスと生涯にわたり論争を続ける。

利潤率は賃金の低下による以外にはけっして上昇するはずがないということ、そして賃金の永続的低下は、賃金が支出される必需品の下落の結果として以外には起るはずがないということ、——これは本書を通じて私が証明しようと努めてきたことである。それゆえ、もしも外国貿易の拡張によって、あるいは機械の改良によって、労働者の食料と必需品を低減した価格で市場にもたらしうるならば、利潤は上昇するだろう。（第七章）

†豊かさの配分をめぐり利害が対立する時代

先人の業績を精緻《せいち》に検討することで、ほとんど別個の理論体系を作り上げる――本書はそういう試みだ。デイヴィッド・リカードは、スミスが『国富論』でアイデアを生煮えのまま記したかに思える部分に注目、余計な表現をそぎ落とし、再構成する試みに挑んだ。文章もそうした試みらしく、素っ気ない。スミスの『国富論』が、まずピン工場における分業という経済現象を紹介し、そこから生産性にかかわる理論を抽出するのとは対照的だ。たとえば「価値」という用語の定義につき検討、特定の定義のもとで限定的な市場経済を仮構し、利潤率や価格・生産量といった変数間の関係と変化を分析することでその働きを想像する、そうした書き方である。方程式こそ出てはこないが、数値例は周到、論理展開も機械のような冷徹さだ。なにより、それまでの経済学者が道徳的存在として人間をとらえたような視角を欠いている。それにもかかわらず本書が読み継がれるのは、妥当な前提を論理的に言い換えただけのはずなのに、意表をつく結論が導かれるというその知的な魅力ゆえだろう。

とはいえスミスとリカードの違いを曖昧さと厳密性に求めるというのも、極論ではある。なにより、両者の著作の執筆時期には四〇年の隔たりがある。『国富論』が書かれた一八世紀後半、軽工業分野で分業が拡がり資本蓄積が進みつつあって、スミスには各人が互いに許せる範囲で自己利益を追求すれば誰もが豊かになりうるという見通しがあった。ところが一九世紀に入ると、産業革命が継続されてはいたものの、イギリスはフランス革命以降ナポレオン退位（一八一四）までヨーロッパの混乱の震源地となったフランスとの戦争（一七九二―一八一五）を余儀なくされた。リカードが分析したのは、この時期の激動するイギリス経済である。

ナポレオンの大陸封鎖（一八〇六）と不作のため供給が逼迫《ひっぱく》し一時高騰したイギリスの穀物価格は、戦争終結とともに暴落した。そこで安価な穀物の輸入を禁じて穀物価格を高値に維持するため、穀物条例が改訂（一八一五）された。地主にとって有利な穀物法の強化は産業資本家の反発を呼び、リカードは穀物法の廃止を唱えてT・マルサスらと論争を繰り広げた。彼は本書を書き上げることにより、イギリス経済が資本蓄積を進めるとともに長期的な利潤率低下を招き、資本家・地主・労働者という階級間で所得分配に対立が生じるという見方を示した。富を利潤・地代・賃金へといかに分配するかがリカードの課題となったのである。本書には、「皆が豊かさを満喫しうる」時代から「豊かさの配分をめぐり利害が対立する」時代へという時代認識の差も表れている。

### †投下労働価値説

本書は前半の七章で、価値・地代・鉱山地代・自然価格と市場価格・賃金・利潤そして外国貿易を扱う。これら七つの項目は互いに関係を有しながら一個の体系を築き上げており、そのうえで政府が租税を取るとどのようなことが起きるのかが残りの二四章で論じられている。

第一章でリカードは、スミス価値論の混乱を一つの視点から整理し、投下労働価値説を導いている。重商主義者は金を富とみなして貿易黒字を目指した。スミスはこれを批判するために、富とは使用価値（財の有用さのこと、現在ならば語感としては効用に近い）であり、貿易収支が均衡していても余剰財を輸出し稀少財を輸入すれば使用価値としての富は増加するとした。そして使用価値の尺度として、スミスは労働にかんする「労苦と煩労」、すなわち（マイナスの）効用を挙げる。ここで金を富の尺度とみなさなかった理由は、新たに金鉱が発見され流通量が増えると、財の生産力が高まっていないのに富が増えることになってしまうからだ。

ところがリカードによれば、使用価値は質的なものであるから、量として測るのには向いていない。そこで彼は、商品の価値とはどれだけの貨幣と交換されるかを指す「交換価値」のことであるとし、それを効用にかかわる需要や需給関係から派生する稀少性とは関係なく、費用だけから決まると考えた（これは、交換価値が均衡価格であり需要と供給との関係から決まるとする新古典派との大きな相違点である）。こうしてリカードは、交換価値

（価格）が投下労働量に比例するという投下労働価値説を唱えたのである。

スミスもまた投下労働価値説を論じているが、それは地代も利潤も存在せず、自分で得た（採取した）商品のみが交換される初期未開社会だけに当てはまるとした。一方リカードは、それが生産において他人を雇い資本や土地を用い、賃金・利潤や地代が存在する資本主義社会においても妥当だとした。これがマルクスを感激させ、剰余価値論を思いつくきっかけとなったのである。

## †賃金生存費説・差額地代論・資本蓄積論

また第二章の賃金論では、マルサスの人口論にならい、賃金が生存費を超えると人口爆発が起き、餓死者すら出るとして、賃金は人間が生存可能なだけの消費財を購入しうる水準に止まるという「賃金生存費説」を提示した。さらに第五章では、地代は、肥沃な土地と利用されるなかでもっとも生産性の低い土地との肥沃度の「差」の額だけ支払われるとする差額地代論を展開した。一〇〇単位の小麦を生む肥沃な土地Aと九〇単位の小麦を生む土地Bがあるとして、資本家は地主から土地を借り労働者を雇い入れて小麦を生産するとしよう。肥沃な土地Aがすべて開墾されていないとき、地主が地代を要求したならば資本家はそれに応じずA内の他の土地に移動してしまうから、地代は発生しない。ところが資本蓄積が進み、肥沃な土地Aがすべて借りられて、肥沃度の低い土地Bを借りる資本家も存在するときに、土地Aの地主が地代を要求したならば、Bの土地を借りていた地主がたとえば五だけ支払うと応じるだろう。なぜなら土地Aに移動したとき彼の収穫は一〇〇—五＝九五で、それまでの九〇よりも増えるからだ。しかし土地Bを借りていた資本家からは、より多くの地代を支払うと申し出る人も出てくるから、地代は最大で一〇になる。このとき土地Aを借りても土地Bを借りても、ともに資本家の取り分は九〇になる。リカードはそう説明して、ある土地の地代が利用されていない限界地の肥沃度との差によって規定されると主張した。ある土地が、それのもたらす収益や生産性そのものによってではなく、他との比較によって地代をもたらすというのである。この意表をつく着想は、稀少性が価値の源泉だとしているという点で、価値論に新しい見方を付け加えた。

リカードはこれらの先で、資本蓄積にともなって「利潤率の低下」が生じることを論証してみせた。資本家が資本蓄積を進め肥沃度の低い土地をも借りるようになると、もっとも肥沃度の高い土地の地主から順に地代の取り分が増えていく。一方、労働者は生存ギリギリの水準で生活することに変わりはない。土地の単位面積に投入される労働者の数に生存水準に等しい賃金を掛け合わせれば、五〇単位になるとしよう。当初、土地Aのみを借りていた資本家は一〇〇—五〇＝五〇単位の小麦を利潤としていたが、土地Bが開墾され借りられると一〇単位の地代が生じ、利潤は四〇単位になる。資本蓄積が進み資本家がさらに肥沃度の低い土地を借りるようになると、地代の増加とともに利潤は三〇単位、二〇単位と減少していく。こうして、資本蓄積に励めば励むほど資本家に与えられる利潤率は低下するというのである。そこでリカードは、イギリス経済を地主だけの天国にしないよう、穀物法を撤廃し安価な穀物を輸入するという政策を唱えた。より多くの労働者が雇用され、しかし土地の肥沃度が下がってくる（穀物の収穫逓減）と、国内で賃金として支払われる穀物が不足する。劣等地までが耕作に回され地代が高まったことと、賃金が上がったことのせいで、利潤率が押し下げられたと考えるのである。

## †貿易自由化は階級間対立を解消するか

こうした体系を中核とする本書は、今日どのように読まれるべきだろうか。時代遅れの古典だ、という見方がありうるだろう。一つには、前提に反映される時代認識が、過去のものになったことがある。賃金生存費説では生活最低水準を超え豊かになればなるほど人口が増えるとされているが、現在ではむしろ豊かな国で少子化が懸念されている(10)。労働価値説にしても、マルクスのように労働者に対する搾取を糾弾するという政治的意図でもない限り、商品に対する需要や資本や土地が商品価格の決定に関与しないかに言うのには無理がある。

二つには、リカードが理論体系の結論として追い求めた謎がのちに解き明かされたことがある。彼は、地代が存在しないときに収益は賃金と利潤とに分配されるから、賃金率が上昇するならば技術などが不変である限り利潤率は減少するという関係式を導いた。スミスは文明社会にかんし賃金率と利潤率が独立に労働や資本の稀少性等によって決まるとし、賃金率が上がればそれを利潤率に上乗せした価格も上昇するとしたが、その主張を俗論として退けたのである。ところがリカードはのちに、資本よりも労働の割合の大きい労働集約的な産業では、賃金率が高ければ利潤率は低いとしても、商品の価格は他の産業よりも相対的に高くなることに気づいた。つまり利潤率と賃金率の関係式は商品価格から独立ではないのであって、スミス説への批判は弱まってしまう。

リカードは労働と資本の投入比率がどうであれ価格が変わらない商品を「真の尺度」と呼んだが、それが何なのかを見つけることはできなかった。それを発見したのが、リカード全集を編集したピエロ・スラッファであった。彼は『商品による商品の生産』(一九六〇)で、「真の尺度」をいくつかの商品の合成(=標準商品)として算出してみせた。

三つには、もうひとつの結論としてリカードが主張した利潤率の低下が、現代に至るまで長期的にも生じなかったことがある。これは自由貿易のおかげというよりは、技術革新が起き続けたからだと言うべきだろう。

とはいえ本書には、いまなお鮮烈な読みどころが残されている。現代のグローバリズムは、スミスの貿易自由化論の方向で進められている。つまり自由化によって誰もが豊かになれるかのように喧伝《けんでん》されている。それに対しリカードが本書全体として示したビジョンによれば、貿易自由化は階級間の対立を一時的にしか緩和しない。

昨今では、むしろグローバル化された競争ゆえに非正規雇用が生まれ、それが外国の貧困層に連動しながら、国内では株式を購入することで資本家ともなりうる正規雇用と対立する様相すら示しつつある。つまり一国内では政府による再分配やミルが期待したような労使間・労働者同士の協同組織が模索されるにせよ、近年におけるグローバル化の猛威のもとでは、階級対立が再燃したかに見えるのである。このような「新たな階級化」のイメージは、リカードが描き出したものに近い。

階級対立のもとで資本蓄積が停止しこれを再駆動するために貿易自由化を進めるというやり方は、一部大企業と富裕な階級がアメリカに輸出を行なって潤い、しかし利潤は低所得層に回らず、生存水準ぎりぎりの人々が延命できるように冷凍食品など安い食品を中国から輸入するという現代日本を思わせるものがある。(11)

本書が『道徳感情論』との関係を無視しつつスミスの経済学を再構成したことで、経済学は専門分野として自立の道をたどった。しかしその道筋においてリカードは、過去の人となった。それにもかかわらず彼は、市場が同感の論理を棄てることにより調和よりも対立の相を露わにすることを示唆した点で、いまなお光芒《こうぼう》を放っている。

David Ricardo, "*On the Principles of Political Economy, and Taxation*", 1817

(『経済学および課税の原理』上・下、羽鳥卓也・吉澤芳樹訳、岩波文庫、一九八七)

# リスト『経済学の国民的体系』（一八四一）
## ——生産力と国民文化の「型」

リスト（一七八九—一八四六）ドイツの経済学者。反国家運動を煽動したとしてメッテルニヒに睨まれ渡米。鉱山事業で成功、ドイツの鉄道網敷設を願って米領事として帰国。ピストル自殺を遂げる。

歴史はこう教える。最高度の富と勢力とを追求するために必要なあらゆる手段を自然から賦与されている諸国民は、彼らの企図と反する結果とならずに、彼らの進歩の程度に応じてその制度を換えることができるし、またそうしなければならない。すなわち、彼らははるかに進んだ諸国民との自由貿易によって未開状態から向上して農業を発達させ、それからは制限によって自国の製造業と漁業と海運と外国貿易との興隆を促進し、最後には富と勢力との最高段階にのぼりつめたところで、自由貿易と内外の市場での自由競争との原理へとしだいに回帰することによって、自国の農業者や製造業者や商人が怠惰になるのを防ぎ、既得の優越を確保するように彼らを刺激しなければ

ばならない。（第十章）

## †自由貿易論に抗して

昨今の世界経済はグローバル化し、商品や資本のみならず労働までもが国境を自由に越えているが、それに対する反発も激しさを増し、WTOの交渉やG8は厳戒態勢下で行なわれている。だが貿易の自由化とそれへの反発という対立は、ごく最近に起きたことではない。それは大航海時代により幕を開けた近代とともに始まり、解決することなく現在へと持ち越されている。貿易自由化の是非をめぐるその対立は、企業家と官僚の間のみならず、経済思想家の間にも及んだ。

経済思想史において優勢を保ってきたのは、貿易自由化の側、すなわちケネーらの重農主義、古典派のスミス、リカード、そして新自由主義のフリードマンへという流れであった。とりわけリカードの「比較優位説」は、貿易自由化を正当化する論理として教科書にも掲載され、猛威を奮ってきた。それに対抗して国家による干渉を唱えた者としては、スチュアートや、リカードと論争を繰り広げたマルサスが知られているが、そうした論者のなかでも「幼稚産業保護」で知られるフリードリッヒ・リストは、スミスとJ-B・セーに対する激しい批判で異彩を放っている。

リストはフランス革命の年（一七八九）に現在のドイツに生まれた。ドイツは当時、二〇〇以上の領邦に分裂、度量衡や通貨すらまちまちであった。また、エルベ川の両岸で産業の分布も異なり、東側では封建領主が勢力を持ち、農民を働かせて農産物を輸出していた。一方、西側のライン地方などでは工業が芽生えつつあったが、いまだ幼稚な段階にあり、保護を必要としていた。ところが北東部のプロイセンを中心に結ばれた関税同盟によって穀物の輸出に有利な低い関税が採用され、産業革命のただ中にあったイギリスの工業製品が土砂降り的に輸入されて、ドイツの工業は壊滅的な打撃を被っていた。

それにもかかわらずすべての国が自由貿易により発展しうるという論調が支配的で、リストによればその聖典とされていたのがスミスであった。スミスは「国家を最低の未開状態から富裕の最高の段階に高めるためには、ただ平和と適度の租税と正しい司法とが必要なだけである。他のすべては事物の自然のなりゆきのなかでおのずから進行する」と述べ、国内での規制緩和のみならず貿易の自由化も推進せんとしたというのである。

これに対しリストは、「観察」「理論化」「比較」「政策提言」という四編の構成を持つ本書により自由貿易論に対抗するための橋頭堡《きょうとうほ》を築こうとする。イタリア・ハンザ同盟・ロシア・スペイン・ネーデルランド・イギリス・フランス・ドイツ・北アメリカなど各国の歴史をつぶさに「観察」、そこから政治経済学の「理論」を紡ぎ出し、スミス・セーらの学説史の諸体系と「比較」して、「政策」を提案したのである。「観察」「理論化」「比較」「政策提言」という四項は、社会科学においては必須のものである。どうやって抽出されたのかも分からない前提を空中から取り出すかのようにして述べ、そこから延々と幾何学的な導出が続く現代のミクロ経済学の無味乾燥な教科書などと比べれば、この方法には説得力があるし、叙述そのものも多弁かつ情熱的で実に面白い。

### †幼稚産業保護論

リストは二つの点で、自由貿易論を批判する。第一は、発展には段階があるということ。リストの時代、農業はさほど自然に技術を加えないものだった。しかし工業は知識や技術の精華であるため、自立するのに時間がかかる。それにもかかわらず発展の初期において経済先進国と自由競争させられれば、「幼児や少年が格闘で強壮な男子にうち勝ちがたい」のと同様の結果になるだろう。スミスの自由貿易論は、幼児であるドイツと強壮なイギリスとを闘わせよというようなものだ、というのである。

リストは経済発展が、「未開状態→牧畜状態→農業状態→農・工業状態→農・工・商業状態」の五段階で進むと想定している。まず、国内農業を発展させる必要がある。この段階では、農業も保護してはならず、自由貿易にさらさねばならない。そして自由な交易によってある程度まで経済基盤が確立すると、国内工業が興隆してくる。工業力の発展には知識や技能、経験・熟練・習慣を要するから、保護が必要である。ただし保護といっても程度があり、やりすぎたり急いだりしてはならず、国内工業が国内需要をまかなうようになれば、関税は漸次下げるべきである。競争に耐えられるよう、時間をかけて鍛えるためだ。

スミスらは農業であれ特定の工業であれ、（リカード風に言えば）比較優位にある単品の生産に特化することを勧めるが、むしろ輸入の制限や新発明に対する奨励金を通じ、製造業・貿易・農業を「均衡」のとれた状態へ導かねばならない。そうやって国内工業品が輸出できるところまでくれば再び自由貿易を開始し、外国産の原料・農産物の輸入と引き替えるようにする。そのためには輸送手段が重要だとして、リストは鉄道の発展に情熱を注いだ。

### †精神的国民資本への着目

ここまでの話は「幼稚産業の保護」論として定式化され、現在においてリストといえば、まずこの説の提唱者とされている。だが本書には、あまり知られていない第二の論点があり、リストはそれを「政治経済学」「生産力の理論」「国民経済学」と様々に呼び表す。

リストによれば、スミス・セーの説には、「物質主義・世界主義・個人(分裂)主義」の特徴があるという。リストがそれらを否定しているというのではない。それらは現実の経済社会の半面にすぎないのに、スミスとセーは全面であるかに理解していると言うのである。経済には、物質面とともに精神面がある。世界性とともに地域性があり、個人性とともに社会性がある。農業と工業において物質としての商品を作るには、精神における作業も必要になる。企業には消費者を欺かないよう道徳心が求められるし、労働者が勤勉であるには宗教心も作用する。工業においては技術的な知識について労働者を教育しなければならず、啓蒙や自由が価値として共有されねばならない。各自の個人的な才覚や倫理に任せただけでは、生産性を高めることはできない。個人の生産性は社会の状態に依存するのであり、科学と技芸、制度と法秩序、道徳と知性、歴史と言語、生命・財産の安全性、自由と正義などの状況に左右されるというのである。

リストが挙げた経済の裏面は、のちに社会関係資本や制度、知識等と呼ばれるものであろう。リストはそれらが、個人と人類(「世界」)とのあいだにある「国家」において、慣行として定着しているとする。個人が「国民」になるのはそれらを共有するがゆえのことで、リストはスミスの言う「分業」が、裏面において「結合」、すなわち慣行の共有あってこそ成り立つと考える。

自由貿易論者は交換価値を生み出す物質的国民資本にしか注目しないが、精神的国民資本もまた重要であり、それでこそ生産力が生まれるのである。青年の教育、法の維持、国防など公的支出は一見したところ民間の交換価値を奪うが、長い目で見ればそれがあってこそ社会全体の生産性は高まるのだ。スミスはサービス業を非生産的とみなして豚を飼う労働を生産的としたが、知識や社会関係資本、制度の蓄積という点からすれば、教師や芸術家、医者・裁判官・行政官のサービスこそが高度に生産的なのである、と。

リストはこうした主張を、保護関税によってコルベールが繁栄をもたらしたフランス、諸州の分裂から統一を経て発展を開始した北アメリカ・ロシアなどの観察から築き上げた。注目すべきはイギリスである。イギリスはスミスの自由貿易論を前面に押し出すことにより、みずからの発展の秘密を隠蔽している。イギリスは航海条例によって東インドからの木綿と絹の輸入を制限したせいで、亜麻、木綿、絹、鉄といった国内工業の育成を行なえた。また法や自由が国民に秩序を与えたために、国民的な統一とともに活発な企業活動、対外的な支配を実現した。ところがイギリスの経済思想家たちは、発展の頂点に立って以降、「はしごを後ろに投げ捨てる」ようにして、みずからが行なった保護政策が最初から否定されるべきものだったかのごとくに自由貿易を唱えている。これは後発国を発展させないための策謀ではないのか。こうリストは喝破し、ドイツはこうした隠蔽に惑わされることなく、関税同盟を構築して国民的統一と工業の保護育成を行なうべきだ、と主張したのである。

## †資本主義には文化に応じた「型」がある

本書からは、何を読み取ることができるだろうか。ドイツに国民的な統一を求めるだけでなく、その後にも積極的な植民地獲得や大陸諸国との連携をも展望する点に、小林昇はリストの「膨張主義」を見る[12]。しかし現在、EUは言うまでもなく様々な経済圏が構想されている。これは、当時ならばイギリス、現代ならばアメリカのような経済的スーパーパワーの膨張主義に対する防衛手段として、諸国の連携が必要になったということであろう。もちろん一九世紀後半に欧米列強が帝国主義を展開したのは事実だが、国家防衛と対外的支配は紙一重である。

また、発展段階論に対しては単一の発展経路しか想定していないという批判がありうるが、「精神的国民資本」とも絡めれば、むしろリストは資本主義には文化に応じて「型」がある、と言っているともとれる。これは各国の得意な産業にかんするマーシャルの洞察につながる視点である。

本書は工業にかんし未熟な発展段階で保護を与えるべきとする点で、途上国のみに保護主義を唱えるものだが、農業についてはつねに自由貿易であるべきだとしており、その点では食糧が自給できなくていい、とする現在の日本政府のあり方を支持している。これは、リストもまた経済を「生産力」という片面からのみ見ているせいだろう。食糧についての安定供給こそが一国の安全を支えるという観点は、消費からしか出てこない。

ドイツ歴史学派の祖とされるリストではあるが、その意味では、金融と消費にも配慮したゾンバルトよりも、生産に焦点を当てたウェーバー説に近い。そして『道徳感情論』を書いたスミスを個人主義の市場原理主義者と決めつけるリストの筆致は、いかにも粗い。物質主義は、リカードの比較優位説にこそ当てはまる。精神で社会関係をとらえ、慣習の動的な展開に注目する点では、リストはヒュームの後継者と見るべきであろう。

Friedrich List, "*Das nationale System der politischen Ökonomie*", 1841
（『経済学の国民的体系』小林昇訳、岩波書店、一九七〇）

## J・S・ミル『経済学原理』（一八四八）

### ——経済停滞と環境制約を超え精神的成熟をめざす

J・S・ミル（一八〇六—七三）イギリス生まれ。父ジェームズの過剰な早期教育やテイラー夫人との結婚でも有名。父の功利主義思想を発展させ、名文家としても知られる。『自伝』『自由論』等。

自らの地位を改善しようと苦闘している状態こそ人間の正常的状態である、今日の社会生活の特徴となっているものは、互いにひとを踏みつけ、おし倒し、おし退け、追いせまることであるが、これこそ最も望ましい人類の運命であって、決して産業的進歩の諸段階中の一つがそなえている忌むべき特質ではない、と考える人々がいだいている、あの人生の理想には、正直にいって私は魅力を感じないものである。（邦訳第四篇第六章二）

### †停滞に楽しみを覚えよ

古典派経済学の自由放任論は穀物法の撤廃（一八四六）をもたらし、一九世紀半ばのイギリスは、産業革命の継続もあって、物質的な豊かさを実現していた。そうしたなかで著された本書は、一八九〇年にマーシャルの『経済学原理』が現れるまで、経済学の代表的な教科書として普及した。社会改革のメッセージとしても、プロレタリア独裁と私有財産の廃絶を掲げる過激なマルクスの主張より、自由主義的かつ漸進主義的なぶんだけ受け入れられやすかった。しかしジョン・スチュアート・ミルの名は、経済学説史のなかではさほど大書されるものではない。

労働価値説と剰余価値論を主柱とするマルクス派にあっては、リカードの階級論と価値論こそが出発点であったから、それらを継承した点ではミルを評価するものの、資本主義が維持されると想定する『経済学原理』の試みは非科学的で、社会運動の指針も急進性を欠くものに映った。また後代の新古典派からすれば、古典派の残滓《ざんし》を色濃くたたえながらも生産側だけに注目するのではなく、労働に対する需要にも配慮し、比較優位説においては国相互の需要曲線から均衡価格（交易条件）を決定すると修正するなど、長期的には需給の均衡が市場の動向を左右するとした点で評価されるが、限界効用・限界生産力といった核心にはたどり着かなかった点で、限界革命への橋渡しにすぎなかったと理解されている。

つまりミルには万事において穏当で突き詰めないという印象があるのだが、資本主義の破滅や純化を説くマルクス主義や新古典派の〝極端さ〟が、飽くことなく経済成長を目指そうとして導かれたことを思えば、現在においては停滞に楽しみを覚えよというその教えにこそ光明が見出せるように思える。

## †生産と分配

五篇からなる本書の構成は、内容から見れば生産論／分配論／交換（価値・貨幣・信用・貿易）論／成長論／政策論となっている。こう構成したのには理由がある。ミルには、生産は物理的真理であって意のままには動かせないのに対し、分配は法律と慣習にもとづいており、社会の支配層が決定していると思われた。ベンサムの功利主義に接し「世界の改革者」たらんと志したミルは、生産の物理法則を解明したうえで家父長制や貴族層の支配を打倒し、分配のあり方を変えようと志したのである。

ミルの社会改革のビジョンはこのような生産と分配の図式にのっとっているが、こうしたビジョンじたいが、新古典派的な厚生経済学の基本定理を常識とする現代からすれば、奇妙なものに映るかもしれない。そこでは、競争市場は自動的に資源配分を効率的すなわち「パレート最適」(誰かの効用を犠牲にしなければ資源配分を変えられない状態)にするとされ、分配の変更は、そうした点の集合において、税によってよりよい点へと導く作業でしかない。

だがこうした見方は、あくまで現代の偏見にすぎない。本書以外の著作にも目を通せば、それは「経済学だけからの」ミル理解にすぎないことが分かる。ミルは多作な思想家であったが、本書を理解するにあたりとくに重要な示唆を与えるのが、『論理学体系』(一八四三)と『自由論』(一八五九)、『功利主義』(一八六一)だろう。

『論理学大系』第六巻「精神科学の理論」で、ミルは社会科学、なかでも経済学の方法について論じている。ミルによれば、社会における人間行為は心理学的もしくは性格学的《エソロジカル》な法則に統制されているので、一定の社会状態で諸環境に適用すれば、その作用を予測することができる。ところが社会状態や環境は、場所が異なったり時代が異なれば同一ではない。ある社会組織に適用された経済学の結論は、他の社会では修正されねばならない。その際に鍵となるのが、自由や豊かさ、論理といった経済学以外の概念についてのミルの諸説である。生産や分配の状態は法律や慣行の改革によって変更されるが、その方針は経済学以外の領域に求められるのである。

## †階級を超えた「協同組織の原理」

ミルは第二篇で「分配」を論じるが、それは前述のように、市場でなされた所得の分配を税によりいかに再分配するかとか、生産要素価格そのものを人為的に調整する（賃金の下限を規制する）というような、市場制度を前提したうえでの微調整ではない。「私有財産制」と「共産主義」、「奴隷制」「自作農制」「分益農制」「低賃金矯正法」など、個々人が市場で経済活動を行なう以前に慣行や法制でルール化されている制度のあり方そのものにつき、改善の可能性を模索するのである。なかでもミルが見直そうとしたのは、リカードが労働者・資本家・地主の各階級の間に分配法則を見出した際に不変とみなした条件、とりわけ「階級」なる社会状態だった。

リカードは「階級」において資本家と労働者、地主を別人格ととらえたが、ミルはそう考えない。「労働諸階級は、雇主の地位に到る途上において被使用人の地位を通るということには甘んずるであろう。しかし一生を通じてそれに止まることには甘んじないであろう」（第四篇第七章四）。資本家や労働者というのは人格ではなく役割ないし機能なのである。

現代では労働者が株を買えば資本家になり、土地を貸せば地主をも兼ねる。そう読めば機能的分配論の端緒を切り開いたと評することもできるが、ミルの場合、一個人が複数の役割を果たしうると言いたかったわけでもない。というのも第四篇第七章「労働諸階級の将来の見通し」では、資本家が労働者に利潤を何％か与えたり、労働者だけで資本を共同所有したりといった具合に、当時では未知であった「協同組織の原理」に強い関心を示しているからである。様々な役割があり、そのいくつかを兼ねるにしても、人はそれを超えて協同すべきだというのである。

ミルは自伝で、幸福であろうとするのは人間行動の基本だが、直接自分の幸福の向上を目的にせず、たとえば他人の幸福を目的にしてみるといった人生の楽しみ方を「通りすがりに」味わうことをもって、人生の方針とした旨を述べている。これは彼の「功利主義」が、ベンサムのそれのような物質的幸福ではなく、精神的幸福を扱ったことに関係がある。利害の対立でなく結合を求め、他人とともに、また他人のために働くことをもってみずからの幸せとみなす労働環境を待望したのである。リカードが不可避とみなした階級対立は解消できると考えたのであり、これがミルの展望する社会主義だった。

だがそう述べるからといって、ミルが個人の自立心や市場競争を否定したとみなすのは早計である。彼は恵まれた階層がより下層を保護するというパターナリズムを「従属保護の理論」と呼び、「空想でしかない」として批判した。それに代え主張されるのが「自立の理論」で、個々の労働者に教育や討議を通じ正義感と自制を修得することを求めている。それには学校教育が不可欠で、学びは精神的教養と独立の徳を向上させるという。『自由論』では〝他者に対して危害を与えない限りでの自由〟を唱え女性や子供に対する男性の支配を糾弾し、昨今ではフェミニストとして再評価を受けているし、本書でも社会主義者が競争を目の敵にすることを逆に批判している。ミルは各人が自由放任されつつ自立し、そのうえで協同組織をも生み出しうるような精神の高みに立つことを求めたのである。寛容さを求めるミルの自由論からすれば、マルクスの革命論は社会改革の方法として急進的にすぎ、やがて他者への危害も招き寄せるだろう。この洞察が的を射ていることが明らかになるには、さらに一世紀半もの時間を要することとなる。

### †物的成長から精神的成熟へ

本書序文は、「社会改良の終局の目的は、人類を教育して、最大の個人的自由と、現行の財産法規の意図せざる労働の成果の公正なる分配と、この二つを兼ね備えた社会状態に適したものたらしめるにある」と述べているが、これが物的な生産量の最大化や幸福の量的な最大化を目指すわけでもないことにも注目しておきたい。

ミルは、労働者を教育して人口の抑制を図ることを喫緊の課題とみなすものの、経済成長に停滞が訪れることは不可避として、リカードの利潤率低下法則を受け入れている。ミルは、生存を維持する手段が保障された後になおも成長を求めるような悪あがきではなく、むしろ自由を通じて人々に精神の豊かさを最大限もたらす制度の構築を目指すのである。環境の制約がもたらす生産の停滞に脅え、規制緩和で成長経路への復帰を性急に目論むのではなく、停滞を楽しむ精神的余裕を持とう、ということだ。

リカード理論においては（マルサスの人口論を受け継ぐものではあるが）、労働者は、賃金が生存費を超えれば人口が増えるといった具合に、機械的な反応しか示さない存在とされていた。それに対しミルが想定する人間像は、『論理学大系』でも描かれるように、時の流れのなかで経験したことからなんらかの傾向性を発見し、それを後の具体的現象によって検証してみるというように、経験と発見を繰り返しながら成熟してゆく存在である（社会科学者が従うべき方法論も基本的には同じで、ミルはそれを「逆演繹法」と呼ぶ）。そうした精神的な成熟は、自由な社会においてこそ可能になるというわけだ。

リカードは、自由な市場が停滞と階級対立を帰結するとした。大量生産・大量消費の時代を経て、現代の世界においては、そこに自然環境の制約が加わった。生産した財を使用した後もただちに廃棄せず工夫して繰り返し利用する文化が根づけば、付加価値としての国民所得の伸びは抑制されるにせよ、別次元の豊かさが実現されるだろう。のちにヴェブレンやボードリヤールらが批判的にとらえた消費における見せびらかしや差異化の競争も、ミルが直接に言及した仕事における出世競争と同様、消費をそのものとして他者との交わりのなかで楽しむという成熟により、脱却すべきものであろう。

豊かさの観念、自由論、人間観、それぞれにおいて本書は魅力的である。自立と協同によって物質的成長から精神的成熟へと社会の目標を変えるべく大衆教育に突破口を求めるというミルの処方箋は、いまとなっては過度の期待にもとづいていたといわねばならないが。

John Stuart Mill, "*Principles of Political Economy, with some of their Applications to Social Philosophy*", 1848

（『経済学原理』一―五、末永茂喜訳、岩波文庫、一九五九―一九六三）

# Ⅱ

## マルクス『資本論』（一八六七―）
## ――貨幣と労働の神話を解く

マルクス（一八一八―八三）ユダヤ系ドイツ人で経済学者・哲学者・革命家。『ドイツ・イデオロギー』『共産党宣言』等。イギリスで亡命生活を送る。『資本論』第二・三巻は盟友エンゲルスが編纂。

使用価値はけっして資本家の直接の目的として扱われるべきではない。それどころか個々の利潤ですらその目的とはいえず、目的はただひとつ、利潤の休みなき運動である。より多くの富をめざすこの絶対的な衝動、この情熱的な価値の追跡は、資本家にも貨幣退蔵者にも共通している。しかし貨幣退蔵者は愚かしい資本家でしかないのに対して、資本家は合理的な貨幣退蔵者である。貨幣退蔵者は流通から貨幣を救い出すことによって価値の絶えざる増殖をめざすが、もっと利口な資本家は貨幣をたえず新たに流通へとゆだねることによって同じことを実現する。（第一巻第二篇第四章）

## †『共産党宣言』から唯物史観へ

一九世紀前半にリカードは地主と農地に資本投下する資本家との対立を描いたが、一九世紀も半ばを過ぎると、イギリスでは綿工業の隆盛により経済の中心が農業から工業へと転じた。そこで産業資本家の地位が高まり、それとともに大量の工場労働者が生まれて、対立の焦点は労働者と資本家の間に移動した。ここで過酷かつ非人間的な労働からの労働者の解放を訴えたのが、カール・マルクスだった。

『自由論』(一八五九)を著わしたJ・S・ミルは自主性と創造性という精神的価値を重視し、彼流の功利主義にのっとって人類に幸福をもたらす経済制度を求めて、現実社会を漸進的に改革する道を模索した。市場経済を改革し、よりよい分配を実現して、労働者に教育をほどこすことで人口増加の圧力を緩め、リカードの懸念した利潤の消滅を遅らせようと試みたのである。

だがミルが『経済学原理』を出版した一八四八年、皮肉にもフランス(二月革命)やドイツ(三月革命)、イタリア、ベルギーと、ヨーロッパの各地で革命運動の火の手が上がった。そのただ中にいたのがマルクスである。一八四五年の『フォイエルバッハにかんするテーゼ』で彼は、「哲学者はこれまで、さまざまなやり方で世界を解釈してきた。だが重要なのは世界を変えることだ」と宣言、革命運動を煽《あお》った。ところが大陸に吹き荒れた暴動の嵐は、おおむね敗北に終わる。この体験からマルクスは、革命は恐慌に続いてのみ起こると確信するようになった。

『ドイツ・イデオロギー』(一八四五)執筆時からマルクスは、「唯物史観」なる歴史観を抱くようになっていた。経済こそが土台たる下部構造として、社会や政治や文化などの上部構造を制約している。人間の意識は独立したものではなく、資本家であるとか労働者であるとかいった生産関係に縛られる。生産関係は生産力の発展段階に対応しており、生産力が発展しきるまでは変化せず、過去の歴史においてアジア的→古代的→封建的→近代ブルジョワ的、と推移してきた、という。

だが近代ブルジョワ社会は、政治運動によっては崩壊しなかった。そこでマルクスは、恐慌に続いてそれがより高い生産力を求め崩壊する様相を、経済法則にもとづき原理的に解明しようと思い立つ。それが、生前第一巻のみが出版され(一八六七)、没後にエンゲルスの手で遺稿が第二・三巻として編纂された『資本論』であった。

### †貨幣の謎、労働価値説、物神性

『資本論』についてはあまりにも多くが語られてきたが、現在から振り返って、その核心は二つの論点にあったと思われる。第一は、一般的受容性が貨幣のみに独占的に与えられ、それ以外の商品は失うという「貨幣の謎」の解明である。貨幣はどんな商品とも交換されうる（買える）のに、商品は貨幣と交換される（売れる）とは限らない。商品から貨幣へという交換（W―G）は、「命がけの宙返り」である。これは冒頭の「価値形態論」で論じられた。のちにケインズもまた商品ごとの交換可能性の相違を「流動性 liquidity」と呼び、そこに不況の原因を探った。

第二は、労働価値説である。投下労働価値説はリカードも唱えていたが、マルクスはそれを奇想天外な方法で引き継いだ。物的な商品だけでなく、労働力という商品にも労働価値説を適用したのである。

投下労働価値説によれば、商品の価値はそれを再生産するのに必要な労働時間で決まる。労働力も商品だとすると、その価値は労働力を再生産するのに必要な商品に相当し、さらにその商品を生産するためには労働が投下されている。労働力は、一日働いた労働者が帰宅して食事し、睡眠をとることで回復する。食事や住宅やベッドは、投下された労働時間だけの価値を持つ。その総和が労働力の再生産費である。それが四時間であるとすれば、一日に八時間働く労働者の労働力の価値は四時間であることになる。

このとき「労働」は八時間であるのに労働力の価値は四時間分であるから、そこには差額としての「剰余価値」が存在する。マルクスは、利潤とは剰余価値のことなのだと考え、それは資本家が労働者から搾取したものだと気づいて、小躍りしたのだった。資本家は、貨幣を労働力商品と交換し（貨幣で労働者を雇い）、商品を生産して、さらに貨幣と交換する。ここで資本は、剰余価値分だけ増殖する（G―W―G´）。資本は姿を変えつつ増殖する。利潤にせよ資本にせよ地代にせよ、あらゆる不労価値は、すべてこの剰余価値が形を変え分配されたものだ。これがマルクスの解釈であった。

マルクスは、「物神性」（フェティシズム）ということを言っている。商品の価値は、本来は労働、およびそれを編成する社会関係から生まれている。商品の価値は人と人の関係から生み出されたのに、あたかも商品に内在しているかのごとく見えるのである。そのように、本来の社会関係に目をやれば見えるはずのものごとが、隠蔽され錯視されている。資本家は労働者から労働力という商品を、資本主義のルールにのっとって購入する。売買は双方の自由意思にもとづいてなされるかに見えている。けれどもそれは、労働者が労働し搾取され残額の賃金を得ることでしか生きられないという背景のもとでの自由意思にすぎない。

また、商品を売って貨幣を得、さらに商品を買うならば、貨幣は元の商品と次の商品が交換されるつなぎにすぎないように見える。そこで、別々の商品の持ち主が互いに相手の有する商品を欲しているという「欲望の二重一致」は偶然にしか起きないから、手持ちの商品を自分の欲する商品と効率的に交換するための迂回《うかい》手段として貨幣が導入されたというフィクションが生まれる。だが、商品を売って貨幣を得ることと、貨幣で商品を買うこととは根本的に非対称である。ここにも、錯視がある。

マルクスは、このような錯視をもたらす物神性を解きほぐし、自由経済の神話の背後に隠蔽されたものを透視することをみずからの仕事と任じた。その手際の良さが一種のマジックのようにも思え、本書はながらく人々を魅了したのである。

### †資本主義はなぜ恐慌に至るのか

マルクスは、将来が不確実であることと貨幣を媒介とする交換の非対称性により、景気循環が起きると考えた。好況期には商品への需要が拡大すると予想され、資本家は貨幣を投じて機械と原材料を購入、生産も拡大し、現実に商品への需要も付随する。ところがこの景気の上昇過程には、限界がある。労働力人口の増加速度を超えて雇用を拡大しようとすると、雇用は上限に達し賃金が高まっていく。資本を追加しても剰余価値は増えず、利潤率は下がってしまう。ここで資本家が貨幣を機械や原材料購入に回さず、手元に蓄蔵するようになると、売れ残りが出る。これが不況で、旧《ふる》くなった機械設備は廃棄される。

そうした景気循環を反復しながら、マルクスは資本主義の長期的な趨勢として、利潤率の低下が生じるという。これは古典派に共通する理解で、リカードは土地の収穫逓減ゆえ、農地に投下された資本は蓄積を進めるほどに利潤率を低下させるとした。それに対しマルクスは、生産方法の発展を通じた不変資本（$c$）／可変資本（$v$）間の資本構成の高度化に着目する（不変資本は機械や原材料などで、価値を移転するだけのもの。可変資本は商品に投下される直接労働の価値であり、価値を増殖させる）。

資本蓄積は利潤の転じたものであり、剰余価値（$m$）の生産を通じて行なわれる。資本家は、剰余価値をより多く得ようとする。それには一日の労働時間を引き伸ばしてもよいが、工場法の規制で限界がある。そこで資本家は、労働者に支払われる賃金となる財の生産に必要な労働時間の短縮に向かう。たとえばそれが四時間から三時間に縮められたとするならば、剰余価値は八―三＝五時間と増加するからだ。

では、賃金財を生産する労働時間の短縮はどうすれば可能か。マルクスはその方法として、賃金財を生産するのに必要な労働時間数を減らすような新技術の導入を挙げる。同一産業内においていち早く労働生産性の高い新技術を導入した資本家には、他社を上回る剰余価値が帰属する。この剰余価値の増分は「特別剰余価値」と呼ばれ、それは資本家間の競争によって新技術が普及しきるまで、存在する。その結果、不変資本$c$が増加して資本の有機的構成（$c/v$）が高まるとともに、利潤率（$r$）＝$m/(c+v)$ は低下する（ただし剰余価値率・搾取率に相当する $m/v$ は一定と仮定される）という。

これは、不変資本としての機械が可変資本としての労働を代替する、もしくは労働者一人当たりの機械設備の装備率が高まるということだから、長期的な趨勢として雇用の増加率も低下し、失業者の群れ（産業予備軍）は巨大化していく。利潤率の低下とともに恐慌は頻繁となり、大衆は窮乏化する。恐慌を重ねると、倒産した企業は大企業に吸収され、一部企業が巨大化してゆく。そして最終局面では、窮乏した労働者によって近代ブルジョア社会が打ち倒され、革命が成就するというのである。

## †『資本論』はどう読み継がれたか

マルクスのこうした見方は、近代ブルジョア社会が崩壊し社会主義への道が開かれるという唯物史観にのっとったものである。だが冷戦後の世界では、社会主義こそが行き詰まりを余儀なくされている。マルクスの論理構成のどこに難点があったのだろうか。ポイントは、彼の理論の第二の核心、すなわち利潤の源泉を剰余価値とみなす労働価値説にある。シュンペーターが洞察したように、ある企業の利潤が「新結合」という他の企業との「違い」から発生するのだとすれば、特別剰余価値こそが利潤の本質であろう。そしてそれを生み出すのは、新技術の創出（技術革新）である。新技術を生み出すのは労働者の頭脳であり、そのリスクに投資するのは資本であるとするならば、単純労働が利潤を生むという労働価値説には無理がある。

『資本論』から労働価値説を抜き去れば、貨幣経済における交換の非対称性に起因する好・不況というケインズ的な景気循環論と、利潤は技術革新によってのみ生み出されるとするシュンペーター的な利潤論とが残ることになる。マルクスの歿年《ぼつねん》（一八八三年）に生まれた二人がその経済思想を引き継いだと見るのは、穿《うが》ちすぎだろうか。とはいえ労働者（プロレタリアート）の解放を目指したマルクスにすれば、そうした『資本論』評価は耐え難いものであろう。

日本における本書の評価と現実とのかかわりを振り返ると、奇妙な事実に気づかざるをえない。日本では、『資本論』を自由主義経済にかんする「原理論」とみなし、（独占資本主義なども含む）段階論や現状分析と区別するという、宇野弘蔵の解釈のような多彩な読解が生まれた。けれども一九八〇年代までその隆盛は終わり、冷戦の終焉とともにマルクス派は影響力を大きく後退させた。けれどもマルクス派が健在だった頃の日本的経営といえば、株式の持ち合いで配当は低く抑えられ、研修費や交際費の名目で利潤は労働者に渡っていた。『資本論』は、労働者が資本家を抑制する非『資本論』的世界下で読まれていたのである。

だが世紀の変わり目頃から、日本経済には構造改革という名の市場原理主義が浸透していった。二〇〇二年頃から景気が上向いたとはいうものの、配当と経営者報酬が伸びただけであり、賃金は増えておらず、資本家が労働者を搾取するかのごとき様相を見せている。大企業はM&Aで巨大になり、非正社員という産業予備軍は拡大している。これこそが『資本論』の世界と言うべきだろう。日本では、『資本論』不要の現実下で『資本論』が読まれ、必要となった頃には専門家が退場したのである。この間の悪さは、どうしたことだろうか。

マルクス派は、資本主義の現実よりも社会主義への淡い希望に関心を抱いていただけなのかもしれない。マルクスが掲げた「疎外」の観念は、人と人のつながり、人と自然のつながりにかんし理想が実在するものとみなし、それと現実の乖離を言うものだった。だが性急な理想の実現は、ソ連や中国で理想どころかスターリニズムや毛沢東主義の過酷な個人崇拝・一党独裁体制をもたらした。とはいえ理想論なしにはいかなる改革も無意味になる。急進的ではなく、漸進的な改革と、それを主導する理念が求められるのであろう。

Karl Marx, *"Das Kapital"*, 1867–
(『資本論』第一巻上・下、今村仁司・三島憲一・鈴木直訳、筑摩書房、二〇〇五)

# ワルラス『純粋経済学要論』（一八七四—七七）
## ——一般均衡理論が実現する社会主義

ワルラス（一八三四—一九一〇）フランス生まれ。『経済学と正義』でデビュー、労働組合運動に従事。ローザンヌ大学教授。メンガー、ジェボンズとともに限界革命にかかわり一般均衡理論を確立した。

数学はまず稀少性の関数から、欲望の最大満足を目的とする用役の供給と、用役、生産物および新資本の需要を表わす関数を導き出し、またこれらの用役、生産物および新資本の供給と需要の均等を表わす方程式を導き出す。……（一）このようにして提示された交換、生産、資本形成および流通の問題は、確定し得る問題すなわち未知数と正確に同数の方程式を含む問題であること、（二）市場における価格の騰落のメカニズムは、企業者が損失のある企業から利益のある企業に転向するという事実と結合して、この問題の方程式を模索によって解く方法にほかならないこと、を数学は示している。（第四版への序文）

### †一般均衡理論と社会主義

経済思想史におけるレオン・ワルラスは、栄光と悲運の双方に包まれた存在である。主著である本書は生前には多く読まれなかったのに、二〇世紀に入り一転、本書が展開した一般均衡理論は誰もが共有すべき理論と目されるようになる。一九二九年に勃発した大恐慌を経てケインズの『一般理論』(一九三六)が(名指しはしないが)本書への反論として一世を風靡《ふうび》したものの、一般均衡理論はその風圧に耐え、むしろ時を経て戦後のアメリカではケインズ理論の方が一般均衡理論の図式に吸収され、$IS=LM$や総需要=総供給というマクロ経済学の形で表現されていく。

だがそうした栄光は、ワルラスにとっては半ば不本意なものであろう。彼の一般均衡理論は、自由競争のもとで市場が自動的にそれぞれの財につき需給の均衡をもたらすことを論証したとして、資本主義経済の最強の擁護論とみなされたのである。けれどもワルラス自身は、土地の国有化を訴えた父オーギュストの志を継ぎ終生社会主義者であったし、その目標は「条件の不平等」に陥りがちな資本主義経済の自由放任状態を抜本的に改革すること、すなわち「条件の平等、結果としての地位の不平等」を実現するような「科学的社会主義」を打ち立てることであった。

とはいえワルラスの社会主義は、いささか風変わりなものであった。多くの社会主義者が、労働者が貧困に止められる原因として資本の私有と賃労働を挙げ、資本の公有と賃労働の廃止、そして「結果の平等」を求めたのに対し、ワルラスは資本蓄積と人口増にともない上昇するのは地代と地価だけであり、自由放任によって搾取をほしいままにし栄えるのは地主階級のみだとみなして、プルードンやサン＝シモン主義者と対立した。[13] 資本と賃労働はワルラスにとって廃止するどころか一定の条件下で自由競争にさらされるべきであり、「条件の平等化」のためには土地公有制が求められた。というのも競争を通じて利潤率が低下すれば資本家は自然に死滅し、地主から地代を取り上げればこの世を支配するのは労働者だけになるからだ。

ワルラスは当初、三部作の執筆を予定し、それぞれを純粋経済学・応用経済学・社会経済学と名づけ、本書第四章で構想を述べている。リカードら古典派の体系（地代論・資本蓄積論）を連想させる利潤率低下論は、「道徳科学としての所有権の理論」である「社会経済学」が受け持つ。「応用経済学」は、自由競争が成り立ち難い現実において、貨幣制度や独占や労働市場を「応用科学としての産業の理論」として論じるという。だがこれらは論文集としてのみ著され、一書としては完成されなかった。

一方、交換や供給、需要、市場などの理念を経験から洗い出して推論を行ない、自由競争制度のもとで一般均衡が成立することを数学的に論証する純粋経済学は、本書第五章以降で「先験的な科学」として精緻に展開された。後年、シュンペーターは純粋経済学を「壮麗な業績」と評価する一方、それが「彼のいかがわしい社会正義の哲学とか、土地国有化案とか貨幣管理のプロジェクトとか」とは何の関係もない、と断言している[14]。こうした酷評が定着したことは、ワルラスの目論みからすれば、悲運と言うしかない[15]。

### †「一般均衡」という革命

ではワルラスの純粋経済学は、どのような特質を持つのか。父オーギュストはすでに「稀少性」の概念を見出していたが、ワルラスはこれを、交換者が効用最大化を行動原則とし市場が均衡状態にあるときに、相対価格（商品の市場での交換比率）が各人の限界効用の比（商品を一単位余分に消費したときに得られる満足の比）に一致するという形で発展させた。しかしこの原理はメンガー、ジェボンズも同時期に独立に発見していたし、ゴッセンに至っては一八四〇年代に定式化している。ワルラスの考察は、消費者間における消費財の交換を超えて進められ、新たな地平を切り開いた。

もっとも単純な二財の交換のケース（第二編）を中心円にたとえれば、次いで多財（第三編）、生産（第四編）、資本・信用（第五編）、流通・貨幣（第六編）というように、同心円を外側に何重にも描くようにして、それまでの議論では存在しないものと仮定していた項目を付け加えていく、というのが彼の採った方法だった。このような拡張の結果、個々の市場での需給が独立で均衡（部分均衡）するのではなく、ある市場が均衡していても他の市場で価格が変動すれば元の市場は不均衡に陥るというように、すべての市場が相互に依存しあい、最終的にはすべてが均衡する状態、「一般均衡」を視野に納めようとした。これに比べれば古典派は、生産側の費用がただちに交換価値にもなるというように、部分的な因果関係だけで全体を代表させるものである。この違いの指摘と乗り越えが、ワルラスの遂行した「革命」であった。

ワルラスは、価格や供給量・需要量などのすべての変数が、相互に影響を与えあう関係にあるとみなした。そのいずれかが変化すれば他の変数が連鎖的に変化するから、全市場において需要と供給が一致するというのは奇跡にも近いことに思える。ワルラスはそうした奇跡的状況が、価格メカニズムによってもたらされることを論証しようとした。そこで案出したのが、労働や資本財の存在量が所与で、消費財が生産されるというモデルであった。しかし彼は、その解法としては未知数と独立の方程式の数が等しいことを確認するまでで満足したため、二〇世紀の数理経済学は、均衡が存在しうるための条件や、不均衡から均衡へと自動的に調整されるための安定条件といったワルラスが残した技術的な宿題の解明に向かった。

一方、市場均衡のありさまについては、何本かの方程式の解の意味をワルラスは説明しているが、[16]資本財も生産されるとした場合に体系がどのように移行するのかについては曖昧な表現に抑えたため、それが静態に止まるという解釈と、一時点では一般均衡が成立するが次の時点までに与件であった資本財の存在量が変化するという森嶋通夫やJ・R・ヒックスの動態的な解釈を派生させている。[17]

### †ワルラスの社会主義――「一般均衡」を可能にする条件

ワルラスは一般均衡が自由競争によって達成されると主張したが、そのためには土地公有以外にも国家の干渉が必要となると述べ(『社会経済学研究』一八九六)、次のような条件を挙げた。

(1)国家は貨幣価値の安定のために貨幣制度やその運用に責任を持たねばならない。

(2)完全情報を確保するために、財やサービスの品質にかんする情報が行き渡らねばならない。そのためには一部の財だけを紹介するような広告は規制されねばならない。

また、個人がその価値を適切に評価しえないような国防・警察・裁判・初等教育など公共の用役は、国家が供給せねばならない。

（3）企業者の市場への参入・退出の自由が守られねばならず、それができないような自然独占・公益企業の分野については国家が統制する必要がある。
（4）株式取引所における投機は、専門業者だけが行なってよい。
（5）労働市場における競争が長時間労働などの不都合を生む場合は、法的規制が求められる。

パレートはこうした要求を行なうワルラスを、正しくも「社会主義者」と非難した。だが、これらは土地の公有化を除けば穏当であり、新古典派が完全競争の条件として求めるものに近い。では、どう評価すべきだろうか。

## †ワルラスを問いなおす

一つには、現在の経済学界の思いこみには反するが、一般均衡理論こそが社会主義経済の描写だということで一致を見た論争がある。社会主義の実行可能性をめぐり一九二〇年代から断続的に交わされた、「社会主義経済計算論争」である。その帰趨についてはハイエクが『個人主義と経済秩序』（一九四九）に収めた論文で紹介しているが、要するに、ワルラスはある財と別の財が客観的に識別されたり価格や財の質についての情報が行き渡ったりするという（2）の完全情報を前提として市場が競争的に資源配分するとしているが、それは原因と結果を逆にとらえる社会主義的な見方であり、資本主義経済において情報の伝搬は市場によって生み出されるというのである。ここで新古典派の言う完全競争の条件も市場の前提条件ではないことになり、それが何であるかは別途考察されねばならなくなる。こうしてハイエクは、ウィトゲンシュタインが日常言語につき日々の会話のなかで反復され慣行として生成するとしたのと同様に、市場の秩序も慣行とのかかわりから自生的に生成すると考えるようになる。

二つには、ワルラスは物々交換を経済の原型とみなすことで、暗に貨幣を物々交換の便宜的な媒体と仮定している。便宜品であれば貨幣そのものには使用価値がないため、いつかは必ず使用される。これについての反論が、マルクスとケインズによりなされた。彼らは現実の市場経済では、将来収入について確率も想定できぬ不確実さが感じ取られると、人は不安にさいなまれ貨幣を保有し続けると考え、それが不況の原因になるとした。

三つには、生産関数にも表記されるように、資本や労働を量的にのみとらえ、しかもそれらの投入量と商品の産出量とが無時間的に関係づけられて、人と人が良好な関係を作るのにかかる時間や機械設備を使うための「慣れ」といった要素が無視されている。

これら三つの論点は、いずれもワルラスの経済観が社会主義を正当化するものであることに由来している。ワルラスにとっての市場は、引用した文章にも表れているように、数学の方程式を解く一個のマシーンであり、知識や不安、慣れといった「人間らしさ」の介入する余地のないものであった。だがワルラスが提示した市場像は、一般均衡＝計画経済のみを帰結するとは限らない。だからこそ、マーシャルやケインズ・ハイエクは、ワルラスの提示した条件を部分的に修正しつつ自由競争市場の実像を追求し、市場に人間らしさの痕跡《こんせき》を再び見出そうとした。ところがのちに経済学の主流をなすこととなるフリードマン（彼自身はマーシャル派を自称するのだが）以降の新自由主義は、むしろパレートの方向、つまり一般均衡成立に必要なものとしてワルラスが指摘した条件を棄却し自由放任を目指す方向に、自由競争市場の実像を見出そうとした。俗に言う「市場原理主義」が、こうして誕生するのである。

(18) Léon Walras, "*Eléments d'économie politique pure ou Théorie de la richesse sociale*", 1874-77（『純粋経済学要論』久武雅夫訳、岩波書店、一九八三）

# ヴェブレン『有閑階級の理論』（一八九九）

## ——大企業と見せびらかしが生み出す野蛮な文明

ヴェブレン（一八五七—一九二九）ノルウェー移民の子に生まれ、シカゴ大学・スタンフォード大学で教鞭をとるが学界では安定した職を得られなかった。制度学派の祖。『営利企業の理論』等。

制度とは、実質的にいえば、個人や社会の特定の関係や特定の機能に関する広く行きわたった思考習慣なのである。したがって生活様式というもの、つまり、あらゆる社会の発展過程の一定の時と所で効力をもつ諸制度の全体を構成するものは、心理学的な面からみて、広く行きわたった精神態度や人生観だ……（第八章）

### †「制度」と「進化」の概念

ソースタイン・ヴェブレンは一八五七年、アメリカのウィスコンシン州の貧しいノルウェー移民集落に生まれ、一九二九年に没した。多くの言語を修得、多様に専門分化しつつあった民族学・哲学・生物学等の書物を渉猟、独自の視点で南北戦争(一八六一―六五)後に勃興しつつあったアメリカの経済社会を分析した。大学での職には恵まれなかったが、それは彼の狷介《けんかい》な性格もさることながら、一八六九年にオマハとサクラメントを結ぶ最初の大陸横断鉄道が開通して以降、鉄鋼王カーネギーや石油王ロックフェラー、鉱山王グッゲンハイムらが築きつつあった大企業支配体制とそのもとで生まれた消費社会、さらに中産階層にも及ぶ拝金主義(マーク・トウェインの言う「金ぴか時代 gilded age」)の隠された意味を、皮肉な表現で暴き立てたからだった。消費を個人の欲求の充足、アメリカ的自由の表現として肯定的にとらえるのが経済学界の通説であり、そうした分析が産業界の求めでもあったのに、流行の衣服から高等学術までが「他人への見せびらかし」にすぎないと断じたのである。『有閑階級の理論』の登場以降、贅沢は、敬意と侮蔑双方の視線にさらされるようになる。こうした皮肉な見方を定着させたとして、本書は熱狂的な評価とともに嫌悪をもって迎えられることになった。

ヴェブレンの著述は、時代に対する違和感の痛切な表明であった。均衡や効用、実用性や効率性などを軸とする新古典派は、産業界に迎合するものとしか映らず、代わりに彼が採用したのが「制度」および「進化」の概念だった。「制度」とは新旧制度派では法制度を指すことが多いが、ヴェブレンはそうではなく、制度を思考を支配する習慣とみなして、社会慣行における象徴的な意味体系から学界における理論規範（T・クーン言うところのパラダイム）まで含めた。

進化にかんし、定量的ないし機能的な面については、近年、ゲーム論などが論理的な推論を行なっている。けれども象徴的な意味の体系について、定性的ないし意味論的な進化を論理化するのは不可能であろう。先行する方法論もないまま、ヴェブレンは人類学や民族誌の成果を参照しつつ、過去を振り返ることを通じて現状を解釈するという手法を採用する。汎歴史的なモデルと現行の制度についての具体的解釈とを並立させるわけだが、なかでも『有閑階級の理論』では両者が入り交じり、衣服をはじめ具体的な分析が行なわれた点に特徴がある。のちに出版された著作では用語が詳細に説明されているが、基本的なアイデアはこの処女作でほぼ出揃っている。

### †衒示的消費の誕生

ヴェブレンは思考習慣としての制度と、「本能」とを対置させる。彼の言う「本能」とは、目標を意識的に立てて追求し、人類の物質的な福利を高めようとする人間の特質である（外的な刺激に対する反射である「向性」とは区別される）。なかでも重要なのが「製作者本能」で、それは「有用性や効率性を高く評価し、不毛性、浪費すなわち無能さを低く評価する、という感覚」であり、知識を利用して物的な生活を向上させることを言う（「親性本能」は、将来の公益に配慮するものである）。

「製作者本能」と「親性本能」が十分に発揮されるならば、社会は生産的かつ平和でありうる。しかし製作者本能が人と人を比較し妬《ねた》みを起こさせるようになると、「競争心《エミュレ》にもとづ《イティヴ》く力の誇示」が起きる。本能は知識の偏向によって歪められ、制度に圧倒されてしまう。その過程で、歴史の段階が刻まれる。未開状態、掠奪《りやくだつ》的（封建的）文化の時代、近代以降の手工業の時代、機械産業の時代という四段階である。

未開時代には自然の擬人化や物神崇拝が起きるが、人々は平和愛好的である。ところが封建時代に競争が熾烈《しれつ》になると、差別と掠奪が生じ、暴力で他を屈服させるようになって、目に見える武勇の証拠として戦利品《トロフィー》を見せびらかすようになる。集団の外部とともに、内部に対しても競争心が働くようになってゆく。

そして近代に入り市場社会が開かれると、私的所有権が生じる。戦利品は階級や称号・位階・記章などのより基準化された記号に置き換えられ、攻撃的な英雄よりも貴族的な美徳、暴力よりも詭弁《きべん》が尊ばれるようになる。金銭が力を象徴するようになると、富は名誉であり労働は窮乏の証拠となるから、閑暇が高貴さを表す。礼節や教養は修得に閑暇を要するため重視されるようになり、当人の閑暇には限りがあるから、家長に代わって執事や使用人・主婦も「代行的閑暇」を果たすことになる。主婦はさらに、使用人を複数持つ。そして祝宴では、客の力も借りつつ消尽を行なう。

しかし手工業の時代を経て機械産業の時代となると、居住地の流動性が高まり、都会では見知らぬ人との接触が多くなるから、教会・劇場・ホテル・公園などでは、裕福さは「行きずりの観察者たちに……判読可能な文字で書かれている必要がある」。それには閑暇よりも消費が評価される。華美で流行の衣服は、身体の保護という機能よりももっぱら外見が豊かさの記号となる。「衒示的消費 conspicuous consumption」の誕生である。

### †「野蛮」な大量消費社会

ヴェブレンは文明社会の経済を「野蛮」と評するが、それは階級の上下を消費の見せびらかしや見栄の張り合いによって示そうとするからである。宗教から衣装、スポーツ、建築、ギャンブルなどが、いずれも衒示的消費の対象として解釈される。しかし仕事で忙しい人には、みずから消費する時間に限りがある。そこで自分の所有物に衒示を「代行」させるという手の込んだ消費も行なわれる。コルセットは女性を働きにくくさせるが、それは男にとっての所有物である女に代行的閑暇を与えている、という具合に。

この考えは、二通りに理解できる。他人に見られたい自分の装いがあるとして、「こう見られたい」という欲望は自分のなかで（無差別曲線に定式化できるように）明確なものだ、とする考え方。もしくは、他人が見て社会階層や豊かさ、格好のよさが理解できるような服飾のコードがあり、人々はそのコードに従っているだけで、個人としての明確な着たい服の体系など存在しない、という考え方。前者の考え方はヴェブレンが批判し続けた新古典派と親和的であり、実際、新古典派のなかでは、ヴェブレンはそう主張した人として受け取られている。そのいずれかが明瞭ではなかったため、のちに構造主義記号論の流れにある消費社会論（後者の考え方）から不明瞭さにつき批判を受けることになる。

消費は個人の欲望の充足というよりも、「裕福である」とか「どの階層に属しているか」を見知らぬ他者に対して示す自己表現の手段となった。そうした社会的コミュニケーションが可能であるには、消費についての象徴的な意味が社会で共有されていなければならない。ここで、テレビや新聞などのマスメディアが一定の役割を果たすことになる。そうした見方は、D・リースマンやJ・ボードリヤールの消費社会論に受け継がれていくのである。

とはいえヴェブレンは、やはり経済学者であった。彼は消費について、その象徴的意味とともに経済的機能を追究した。資産保有者である株主が所有権を振りかざすと、企業は利潤を上げるために産業技術を不断に進歩させ、財の価格は下がり続ける。企業は慢性的に不況にみまわれ、生産効率上の無駄が出もする。好況を招き寄せるには、効率性を度外視しても浪費する方がよい。無駄も有効需要の一項目として必要悪となるのであり、ケインズは有効需要の中心に設備投資をおいたが、ヴェブレンは需要中最大の項目である消費に注目する。そうした無駄は、『有閑階級の理論』が暴き立てた成金たち、一九世紀末に独占的巨大株式会社（ビッグ・ビジネス）を率いたジョンズ・ホプキンズ、スタンフォード、カーネギー、モルガンらによって制度化されていた。(19)

セー法則を信じれば、供給されたものはすべて需要される。ケインズとヴェブレンは実物の供給に分析を限っていたとして、新古典派を根底から批判した。実物とともに資産が、供給とともに消費が市場への影響力を強めるなら、経済は個人の合理性のみならず他者の視線にも支配されるようになる。投機においては、企業がもたらす真実の収益率よりも他の株主が短期的に買うか売るかに関心が集まる。これはのちにケインズが注目した金融市場であるが、ヴェブレンは他の半面、現代経済が匿名の視線にさらされる消費によって牽《けん》引《いん》される様を描いた。

本能が自然に、制度が文化に属するとすれば、ヴェブレンは自然が文化に汚染されるとするJ-J・ルソーの近代批判を繰り返したかに見える。契約や金銭取引、立法や裁判などは経済を効率化するために合意された手段ではなく、裕福な階層の既得権を守る装置だとする部分は、マルクスの焼き直しともとれる。
しかしヴェブレンは、ルソーやマルクスのような傍迷惑《はためいわく》な理想主義者であるには、現実の重さを知りすぎていた。制度を破棄しうるとは考えず、計画された経済に期待をかけたのである。「習慣というものが、人間性の唯一の明確な理由と根拠」である以上、思考習慣としての制度から自由になることは不可能であり、批判を通じてよりよい習慣を形成することだけが可能と見たのだろう。彼の消費経済論は、「科学」を装いながらもしばしば見せびらかしでしかなくなる我々の思考習慣を、より広く長い射程をもって射抜いているのである。

Thorstein Bunde Veblen, "*The Theory of the Leisure Class: An Economic Study in the Evolution of Institutions*", 1899
(『有閑階級の理論』高哲男訳、ちくま学芸文庫、一九九八)

## ゾンバルト『ユダヤ人と経済生活』（一九一一）
### ——資本主義の興隆を支える精神とは

ゾンバルト（一八六三—一九四一）ドイツの社会経済学者。ウェーバーとともに学術雑誌の編集に携わるが資本主義観をめぐって対立。第二次大戦後は親ナチズムとして批判される。

ユダヤ人。生業原理の上に構築されたありとあらゆる経済志向に反抗する取引原則——薄利多売！——の父。（第七章）

**†ウェーバー vs. ゾンバルト**

ここで取り上げたいのは、資本主義の興隆を人間精神の内面から支えたものが何であったのかについてユダヤ教を挙げるヴェルナー・ゾンバルトの説そのものではない。それについてはカルヴァン派のプロテスタンティズムに注目するマックス・ウェーバー（一八六四—一九二〇）の説が、日本では重視されてきた。ウェーバーは、こう述べる。「プロテスタンティズムの世俗内的禁欲は、こだわりのない所有の享楽に全力をあげて反対し、消費、ことに奢侈的消費を圧殺した。その反面、この禁欲は心理的効果として財の獲得を伝統主義的倫理の障害から解き放ち、利潤の追求を合法化するのみでなく、これを……直接神の意志にそうものと考えることによって、その桎梏を破砕してしまった」（第二章二「禁欲と資本主義精神」大塚久雄訳）。ここでは、両者が交わした論争に焦点を当てたい。

一八六三年生まれのゾンバルトは、一九〇四年から、神経疾患のための静養から復帰したばかりの一歳年下のウェーバーとともに、『社会科学・社会政策年報』の編集にあたった。彼らは、経済思想史においてはリストが創始したドイツ歴史学派に属するとされる。ウェーバーが同誌に「プロテスタンティズムの倫理と資本主義の『精神』」（略称『プロ倫』一九〇四―〇五）を発表したのに触発されたゾンバルトは『ユダヤ人と経済生活』を出版し、両者の意見は真っ向から対立することとなった。

### †プロテスタンティズムの倫理と資本主義の「精神」

ウェーバーは西欧の近代化につき、多面的に分析した。制度面では、経済領域においては労働者を契約で雇用し資本を複式簿記で管理するような近代的経営組織とそれによって担われる資本主義、政治領域においては近代的官僚組織によって担われる法と行政、社会領域においては近代家族や近代都市の生成を、それぞれ経済社会学・支配社会学・一般社会学などの名称で論じている。そして内面にかかわる価値観すなわち文化領域においては、呪術からの解放と合理的精神の成立を宗教社会学として扱った。

まさに経済思想史が扱う全域に手をつけた観があるが、なかでも『プロ倫』は、なぜオランダ、イギリス、アメリカなどカルヴィニズムの影響の強い国々が資本主義的経営にもとづく発展を実現し、イタリアやスペインなどカトリック国やルター主義の強いドイツでは資本主義化に立ち後れたのかに注目し、その差が価値観の違いに由来すると考えて、資本主義の発生とカルヴィニズムの普及に因果関係を見出そうとした。ただし資本主義成立期にプロテスタントたちが考えたことを統計データによって検証するのではなく、残された文献から心理を推測するというやり方で「実証」したのである。

ウェーバーの言う資本主義の「精神」とは、有史以来存在する商業主義すなわち拝金主義や利益の追求ではなく、労働に際しての禁欲や所得の節約のことで、「時は金なり」として寸暇を惜しみ勤勉に働くことを説いたベンジャミン・フランクリンを典型的な人格とし、それがカルヴァンの予定説によって生み出されたとする。これはかなりトリッキーな説明で、予定説によれば救済される人間はあらかじめ決定されていて、人間の努力や善行などで変更することはできないとされる。それなのに何故、カルヴィニズムは人々の現世でのふるまいを律することができるのか。それは、禁欲的労働に励むことで神の栄光をこの世に示せば、自分が救われるという確信を持つことができるからだ、というのである。それゆえカトリックの秘蹟《ひせき》などは呪術にすぎないとされ、合理主義が勧められることになる。ここで想定される資本主義を象徴する人物が「時は金なり」のフランクリンで、彼は労働によって得た金を浪費せず、営利活動に再び投資した。ウェーバーにとっては、禁欲にもとづく投資こそが資本主義なのであった。

**†ユダヤ人原因説**

これに対しすでに『近代資本主義』(一九〇二)という大著を刊行していたゾンバルトは、ウェーバー説を退け、ユダヤ人原因説を展開する。一五—一七世紀にスペイン・イタリア・ドイツが衰退し、オランダが勃興する。そのように南から北西へとヨーロッパ経済の重心移動が起きたが、それはちょうどユダヤ人の移動と時期を同じくしており、イギリスも経済が伸長したのはユダヤ人の到来以降のことであった。ユダヤ人が流入した地域は勃興し、退出すれば衰退した、というのである。

ユダヤ教の特徴には、合理主義や主知主義、形式的な合法性の尊重(内面的な信心ではなく神の律法の完全履行)などがある。ユダヤ教は秘教(神と信者が合一する陶酔境)を知らない唯一の宗教であり、いかなる苦境にあっても世界を肯定し富を楽しむ態度を勧め、その禁欲はあくまで世俗内のものである。さらに生活態度の合理化、世俗内的禁欲、宗教と利益の結合、罪の数量的扱い、性愛への厳格な態度があり、禁欲により蓄積されたエネルギーは経済活動において爆発した。それらがプロテスタンティズム以上に資本主義の生成には有効に機能した、というのである。

たとえば中世のキリスト教においては商売上の競争は固く禁止されていたし、利子を取るのも禁じられた。顧客を呼び込んではならず、店舗を奇麗に飾るのも広告を打つのも禁止された。商品には「適正価格」があり、安売りは卑しいこととされた。これらの商業倫理にことごとく反していたのがユダヤ人であった。彼らは利益獲得競争を法律違反どころか正当な権利の行使と考え、『ベニスの商人』のシャイロックのごとく金融業も営んだ。国際商品取引の活性化も彼らが担い、近代国家や植民地の形成にあたっても大いに関与した。

以上、ゾンバルトによれば、資本主義の理念とはつまるところ営利であり、それは長期的展望のもとで事物に関心を持つ「企業家」と、有利な仕事をしようとする「商人」の「二つの魂」から成っている。「企業家」とは、まずは生産・輸送・販売の経済的新組織にかんする発明家であり、新需要の発見者であり、征服者・組織者でもある。これはウェーバーの言う、禁欲と節倹で労働と投資に専心する企業家のことであろう。これに対し「商人」とは、有利に仕事を進めようと工夫する者であり、投機をあえてする計算家・事業家そして仲介人である。

そもそもユダヤ教の聖典・タルムードは商業に好意的であり、この二つの魂は経済を工業技術と商業に二分し、工業の上位に商業をおく。企業家がものづくりに専念しても、出来上がった商品を商人は安売りし市場価値を破壊しようとする。さらに商人は、企業の所有権をも売買しようとする。有価証券による取引を発明したのはユダヤ人であり、有価証券市場を形成して、経済過程の「証券取引所」への隷属、すなわち工業の商業化をもたらした。これこそが資本主義の実態である。それなのにウェーバーの「資本主義」は工業面、ものづくりの側面しか見ていない、というのである。

## †恋愛と贅沢と資本主義

ウェーバーはこのゾンバルトの説に、猛然と反論した。論点として重要なのは、近代経済組織としての大企業を率いたユダヤ人がほとんど存在しないということであった。ユダヤ教では同胞への対内道徳と異邦人への対外道徳が区別され、異邦人に対しては利子の徴収に始まる金融業が認められていた。だがそれらは賤民資本主義にすぎず、西欧で企業組織とともに勃興した合理主義的な資本主義ではない、というのが反論の骨子である。

だがゾンバルトはそうした批判に屈することなく、翌年の『恋愛と贅沢と資本主義』(一九一二)では、節倹をも否定する資本主義論を展開した。西欧の宮廷ではパーティが開催され、配偶者外との性愛の温床となった。愛人のために住まいを買い与え、愛人は競って衣装や室内装飾に贅《ぜい》を凝らし、それがファッションとして世間の女性にも流行して、男性は贅沢に金をかけるようになる。贅沢品は海外の植民地で生産されており、それを取り扱う商人が新たなブルジョアジーとして台頭し、爵位を得る。彼らが大都市を形成し資本主義を発展させた、と論じた。

奢侈そのものは中世にも存在したが、優美・繊細な音楽や建築であるロココ様式のように公共の場で行なわれなくなり(奢侈の屋内化)、生産に手のかかるものからかからないものへと移行し(即物化)、女性の求めに応じて品質の高度化が起き(感性化・繊細化)、年に一度の祭りでの贅沢は、年がら年中行なわれるようになった(圧縮化)。恋愛という私的かつ即物的・日常的な贅沢が、いわば有効需要を下支えして資本主義を興隆させたというのである。

## †奢侈か、節倹か

今日、『プロ倫』の資料操作にかんし疑義をはさむ人がおり、論争が生じている。けれども『プロ倫』の叙述が妥当であろうとなかろうと、資本主義の何たるかについてこれまで以上の知見をもたらしてくれるとは考え難い。というのも、日本を先頭にプロテスタンティズムが優位にはない国が次々に経済発展をし始め、日本にかんしては宗教的な等価物を探る試みがR・ベラーの『徳川時代の宗教』(一九五七)によってなされたものの、韓国・台湾のみならずアセアン諸国や中国・インドまでが離陸した今となっては、企業家とプロテスタンティズムの関連に注目することじたいの意味が薄れてしまったからだ。

本書は、資料の信頼性や、ゲルマン人を「森の人」ユダヤ人を「砂漠の民」と呼ぶ対比がナチズムの反ユダヤ主義に通じるという批判から、死後ながらくウェーバーの盛名の陰で忘れられていた。資本主義がユダヤ教によって創始されたかとなると、『プロ倫』同様、論じることの意義には疑問がある。しかしウェーバーが規定した資本主義のイメージが生産の局面に限定されたことの弊害を緩和する点では、いまだ読みどころは多い。

節倹と勤勉を説くウェーバー説は、資本主義勃興時に限るとはいえ企業家の投資活動にのみ注目しており、産業資本家によるものづくりを肯定し余剰生産物の副次的な交換が貿易を促したとするスミスや、生産しさえすれば需要はついてくるとみなす新古典派と同様に供給重視の立場にあって、それがものづくりに愛着を持つ日本社会で資本主義成立の核心を説いた書と評価されてきた理由だろう。生産面のみを強調するなら、生産者を拘束するような慣行は破壊すべきだという見方にもつながる。ウェーバー説が左右の改革論に親和性を持ったのは、そのせいだ。

けれども経済思想史の展開には、別の論脈も息づいている。有効需要の優位を説くケインズ、消費社会における流行を分析したヴェブレンやボードリヤール、市場における商業的な知識の発見を強調したハイエクなどである。供給だけが資本主義の機動力ではない。生産した財が需要されなければ、資本主義は循環の構造を維持できず、じきに立ち枯れてしまっただろう。奢侈や商売熱心さも、資本主義の成立には不可欠なのである。ファンドによる企業買収が日常的にすらなった現在、「商人」も資本主義の一部とみなすゾンバルトの視点は、リアリティに溢《あふ》れて見える。金融工学を国の基幹産業にまで育てたアメリカは、ゾンバルトの言うユダヤ的精神に支配されたのであろう。価値意識をめぐるウェーバーとゾンバルトの論争は、経済思想史における対立の原型を与えているのである。

Werner Sombart, "*Die Juden und das Wirtschaftsleben*", 1911
（『ユダヤ人と経済生活』金森誠也監修・訳、安藤勉訳、荒地出版社、一九九四）

## シュンペーター『経済発展の理論』（一九一二）
### ――技術革新と銀行は資本主義のエンジン

シュンペーター（一八八三―一九五〇）オーストリアに生まれ、貴族的教育を受ける。蔵相と銀行頭取を歴任、ボン大学を経てハーバード大学教授。代表作は『経済発展の理論』、『経済分析の歴史』。

われわれが取り扱おうとしている変化は経済体系の内部から生ずるものであり、それはその体系の均衡点を動かすものであって、しかも新しい均衡点は古い均衡点からの微分的な歩みによっては到達しえないようなものである。郵便馬車をいくら連続的に加えても、それによってけっして鉄道をうることはできないであろう。（第二章英訳注）

**†「発展」とは何だろうか**

ヨゼフ・アロイス・シュンペーターは本書を、『理論経済学の本質と主要内容』（一九〇八）に続けて上梓《じょうし》した。前著はワルラスの一般均衡理論を要約しドイツ語圏に紹介したものので、後述する「静態」の本質について論じている。本書はそれに対し「発展」が何であるかを考察したもので、シュンペーターの思想の核心はこの二作で表明された。彼は一八八三年生まれであるからともに二〇歳代の仕事であり、恐るべき早熟としか言いようがない。学界の評価も高く、本書出版時に彼はすでにグラーツ大学で教授の地位にあった。ただ、彼が不幸であったとすれば、頭取になった銀行を倒産させたことや二度目の妻を出産で亡くしたこともさりながら、決定的なのは同年生まれで性格も派手なケインズが『貨幣論』（一九三〇）と『一般理論』（一九三六）を出版し、脚光を浴びたことだろう。

後年のシュンペーターは、本書の内容を広く社会科学に位置づけたり社会主義とのかかわりを予言したりしたが、ハーバード大学ではゼミ生が次々とケインズの感化を受け、歯が抜けるように去っていったと言われる。華やかにスポットライトを浴びるケインズの影のような存在。貴族風に振る舞うのを常とし、気位の高い彼には耐え難く不本意な役柄が割り振られて、晩年を送ることになるのである。しかし現在、俗に理解された「ケインズ主義」は「大きな政府」をもたらすとして否定され、イノベーションが経済を発展させるというシュンペーターの主張が先進国では支配的となった。彼らの名声が逆転するのは、死後半世紀近く経ってからのことであった。

「静態」とは、技術や嗜好《しこう》などを所与とし、そうした与件のもとで経済にかかわる生産量や価格などの変数がどのような値で均衡ないし循環するのかを検討するものである。シュンペーターはそれがフィジオクラート（F・ケネーらの重農主義者）に始まりスミス、リカードと受け継がれ、ワルラスによって完成されたと見る。「いかなる叙述といえどもレオン・ワルラスのそれより『いっそう静態的』なものはない。われわれの科学の創始以来の理論の基本原理は最も厳密な形で彼の手の中に結晶している」。ではシュンペーターは静態によって現実の経済を分析しうると考えるかといえば、そうではない。古典派の誤りは、均衡状態を現実と取り違えたことであった。それは現実に接近するための基準点にすぎない。

それに対して「発展」（初版では「動態」と呼んでいたが、二版以降は誤解をなくすために呼び変えている）とは、静態にある経済にとっては外部にあるはずの与件が内部の力で揺さぶられ、それまでの均衡が破壊されて、別の均衡へと移行していく過程である。それは、今日「動学」と呼ばれているハロッド＝ドマーの成長理論などとも異なる。貯蓄や資本設備や労働人口の増加は、与件の枠の中での変数の量的な変化にすぎない。市場はそれを日常的・連続的な変化として吸収し拡大していく。それに対し「発展」とは、郵便馬車が鉄道に置き換わるように、与件までが変化していく不連続で事件に満ちた歴史過程である。

## †新結合＝イノベーション

では何が発展を推進するのか。それがシュンペーターの代名詞ともなった「新結合」(neue Kombinationen、のちにイノベーションと呼び変える)で、彼は五つの場合を挙げている。(1)新しい(品質、もしくは知られていない)財貨の生産。(2)新しい生産方法(生産工程)の導入。(3)新しい販路(市場)の開拓。(4)原料あるいは半製品の新しい供給源の獲得。(5)新しい組織の実現、独占状況の実現や打破。

生産要素が古い結合から解き放たれて新たに結びつけ直されることが発展であり、動態だというのである。そしてそれを遂行するのが、「企業者」(Unternehmer, enterpreneur)である。企業者の最大の働きは生産要素の結びつきを変えることだが、それだけには止まらない。それまでの循環のどこかで使われていたものを奪取し、新たな使い道へ回すのであるから、それには当然抵抗がともなう。したがって五つの条件のうちのいずれかを発明・発見するだけでは不十分で、抵抗を排除してまでも新たな結合を成し遂げねばならない。それには人間関係を調整したり突破したりする勘や人当たり、迫力が必要になる。シュンペーターはこれを特殊な才覚とし、たんなる金銭動機などでは呼び起こせず、創意や権威、先見の明、洞察などを持つ者が、「自分の王朝を作る」ほどの強い「勝利者意志」

を持ってこそ可能になるのだと言う。

シュンペーターによれば、彼以前の経済思想史は静態の議論に終始し、その完成形を描いたのがワルラスであった。しかし例外はあり、唯一動態を描いた者がいた。マルクスである。マルクスは労働からの見えざる搾取分を剰余価値と呼び、それが利潤の本質なのだと宣言した。それに付け加えて、新たな機械設備を導入した企業が、機械が普及しつくすまでの期間得る利潤を「特別剰余価値」と（あまり大声ではなく）呼んだ。

シュンペーターが注目したのは、後者である。論理構成としては、新結合の登場する第二章「経済発展の根本現象」は、「特別剰余価値論」に瓜二つ《うりふた》である。先行して新結合を行なった企業が築いた独占状態を崩すべく模倣する企業が他にも現れるので、新結合は「群れをなして現れる」、といったくだりである。ただし、シュンペーターにとって利潤は、従来の均衡からの「差異」としてしか生じない。マルクスが主張するように他人と同質の働きしかしない労働者が利潤を生み出しており、それを資本家が盗むなどということは、シュンペーターにとってはありえない。

昨今の日本企業が、労働者のうち正社員を長期的に企業内に定着させようとし、非正社員は景気循環に合わせて雇用と解雇の対象とするのは、新技術の創出にかかわる者を正社員、他の労働者と取り替えがきくような単純作業しかできない者を非正社員とみなすからだろう。企業に言わせれば、正社員でありたければ、アイデアを出し技術革新に貢献して、利潤を生み出さねばならないのである。

シュンペーターは、経済の基準点として均衡、ないし循環の状態を想定していた。そこでは、生産要素は完全雇用されている。そうした旧結合の状態から、一部の生産要素を引き抜いて（シュンペーターの言葉では「奪取」して）新結合を行なうには、土地や労働に対してより高い対価を提示しなければならない。しかしそのための資金は、貯蓄によっては調達できない。なぜなら貯蓄は本来の所有者が用いなかった購買力だが、融資されて他の誰かがすでに使ってしまっており、そのうえ「より高い対価」を与えるには、新たな購買力が特別に創造されねばならないからだ。それを可能にするのが、銀行による信用創造である。銀行は受け入れた預金の一部を支払準備金として手元に残しそれ以外を貸し出すが、その貸し出しを受け取った人がすぐに使うことなくまたどこかの銀行に預金するなら、それがさらなる貸し出しの元手となり、預金額は最初の額の何倍にも膨れあがっていく。

このように信用を無から創造しうる銀行は企業家の不可欠のパートナーであって、未知の可能性にかけるリスクを負うのは、企業家および銀行である。両者の共同作業として利潤が生み出されるのであり、利子は利潤を源泉として派生したもの、いわば「利潤に課せられた租税」にすぎないという。

## †不況は経済発展に不可欠である――景気循環の理論

シュンペーターは、ワルラスが行なったように数学的な描写で経済をとらえきる定量的な分析が可能であるのは静態までであって、動態の詳細については定性分析がどうしても必要になると考え、長期の歴史データに関心を寄せた。また後には企業家や組織の性格についての社会学的考察に向かって、民主主義論や社会主義論（『資本主義・社会主義・民主主義』一九四二）に巨大な足跡を残した。

ただし、新結合でありさえすれば利潤を生むかのような彼の叙述には、問題がある。新製品であれば何でも飛ぶように売れるかに述べるのは、「生産側」の議論だからである。企業側の努力は、どんなものであれ消費側の都合とは無関係に成就するとみなされているのである。だから彼がケインズと激突したのは、当然のなりゆきであった。

シュンペーターからすれば、ケインズ『一般理論』の企業家像は古典派の静態に留まっており、利潤を生み出すような新結合に挑まない。それでいて利子が生まれ財市場の需給を攪乱し、失業をもたらすと言うのはナンセンスである。そのうえケインズは、総需要を底上げするために公共政策まで打ち出せという。好況は、新機軸が旧い経済秩序を破壊し、創造された信用が生産要素価格を引き上げ、生産手段所有者の所得を向上させ、消費財価格も押し上げることで始まる。景気が銀行への返済（信用収縮）を期に逆転するのが不況だが、しかしそれも均衡へ向かう過程であり、資本主義経済にとっては不可欠である。

　このように考えるシュンペーターは、ハーバード大学で講義したとき、ヨーロッパ風のマントを脱ぎつつ、学生（R・ハイルブローナー）に向かって言ったという。「皆さん、君たちは不況に悩まされているが、心配することはない。資本主義にとって、不況は適当なお湿りなのです」、と[20]。こうした立場から、不況期こそ旧結合の一掃が行なわれるべきだとされた（彼の景気にかんする議論は、のちに三つの波動の組み合わせで説明されることになる。『景気循環の理論』一九三九）。

　たしかにシュンペーターの立論、昨今ではサプライサイダーと呼ばれる生産側だけからの視点では、不況は「おしめり」にすぎない。しかしケインズが提示した需要側の視点を敷衍《ふえん》すれば、消費者もまた所得のうちどれだけを使うかを生産とは独立して決めており、それには将来にかんする「洞察」がかかわってくる。また、カネのうち使われない部分がタンスに貯め込まれれば、不況を悪化させてしまう。資産市場に出回ったとしても、必ずしも新機軸の画期性を見通して融資がなされるとは限らない。生産性よりも投機としての儲けが優先されるかもしれないからだ。

　本書は、利潤の発生源をつきとめ、資本家と企業家、利子と利潤といった概念の違いについて明確に峻別してみせた画期的な書物である。だがその叙述は生産側に終始している。ケインズとの裏表の関係は、今後もながらく持ち越されるであろう。

Joseph Alois Schumpeter, "*Theorie der wirtschaftlichen Entwicklung*", 1912
（『経済発展の理論』塩野谷祐一・中山伊知郎・東畑精一訳、岩波文庫、一九七七）

# マーシャル『産業と商業』（一九一九）
## ――収穫逓増と経済的国民主義のゆくえ

マーシャル（一八四二―一九二四）イギリスの経済学者、ケンブリッジ大学教授。ピグー、ケインズらの師。主著は『経済学原理』。

身体的な不調に関する治療の成功の多くは自然の治癒力を自由に発揮させる方法によって達成される。人間の諸活動に関する自然の治癒力の主なものは知識である。社会的な紛争に対する当局の有益な干渉のほとんどすべては、紛争に関係している人々が自発的に提供することを好まない情報を、自由意思によるか、強制力に訴えるかは別として、入手し、公表することをもって始まる。（第三篇第三章）

**†「収穫逓増」へのこだわり**

アルフレッド・マーシャルといえば、経済の一部門において需要曲線と供給曲線が交差する点で価格と量が定まるとする部分均衡分析がもっとも単純化された経済理論として中学や高校の教科書にも出てくるし、それを期間とかかわらせた一時的均衡や短期均衡・長期均衡の概念によっても知られている。

一方、より進んだミクロ経済学のテキストでは、需要曲線や供給曲線をそれぞれの経済主体の最適な行動から導出し、それらの均衡式を連立させて、経済における多部門間の相互依存を一般均衡によって把握するワルラス理論が最終的な目標とされている。マーシャルの部分均衡分析は、すべての財の市場均衡を同時に観察すべきところを、「他の条件が同じなら」という仮定のもとでひとつの財の市場という局部をクローズアップしたものである。つまりマーシャルの分析は、「特殊なケースの分析を通じて問題の核心に迫る」「問題発見的な分析手法」であって、「一般的な、最終的な結論の確認は一般均衡分析という本隊の到着後[21]」になる、と評されているのである。

マーシャルにかんするこうした理解は、入門への第一歩と見るにせよ発見への手がかりととらえるにせよ、経済を機械的なものとして近似的に理解する『経済学原理』(一八九〇)の第五章に由来する。そこでは、物理的な力の拮抗を模写したワルラス的な「均衡」に類したものが提示されている。ところがマーシャルは第六章で、経済の「有機的成長」を描こうと試みた。彼は、経済学を生物学になぞらえたのである。つまり彼が部分均衡によって近似しようとしたのは、一般均衡の局部ではなく、生物体に見られるような「動的平衡」の一齣《ひとこま》なのであった。したがって「ミクロ経済学」におけるマーシャルの位置づけは、彼の意に反して生物学を機械によってなぞらえるようなものということになろう。

それが齟齬《そご》をきたすのは、「収穫逓増」（費用逓減）の取り扱いにかんしてである。マーシャルは『原理』で、産業の競争状態における収穫逓増の意味について考察した。企業が収穫逓増の状態にあれば、生産量を増やすほどに費用が下がるから競争力が増し、いずれ他企業を淘汰《とうた》して寡占から独占に至るため、競争は維持されなくなってしまう。収穫逓増と競争の共存にかんする、「マーシャルのジレンマ」である。

そこで後続の新古典派は大いに悩み、収穫逓増を例外現象とみなそうとした。ところがあろうことか、マーシャルは収穫逓増企業には補助金を与え収穫逓減企業には税を課して淘汰を加速させせよと、ジレンマを深める提言を幾度も行なった。それでサムエルソンなどは、マーシャルは（自身が開発した）余剰分析を理解していなかった、と皮肉っている。マーシャルのは消費者余剰を増やすための提言であり、生産者の余剰を無視しているというのである。

## †内部経済と外部経済

収穫逓増に対するマーシャルのこだわりには、二つの理由があったように思われる。第一は、リカードからJ・S・ミル、さらにはマルクスまでが予測していた収穫逓減による利潤率低下が、一九世紀後半のイギリスでは克服されたかに見えたことである。マーシャルの『原理』はミル版『経済学原理』に学び、その克服を課題として書かれたが、利潤率の低下が生じなかった現実をふまえて、ミルが物的な満足よりも精神的な満足を求めたことに対し、欲望を欲求へと昇華させ、さらには活動をも目指すという「活力」を望んだ。枯れるにはまだ（一〇〇年は）早い、といったところであろうか。さらに古典派が収穫逓減を仮定したのに対して、収穫逓増に置き換えた。

マーシャルは産業組織が環境に適応し収穫逓増を維持するさまを、「それに従事する個々の企業のもつ資源、組織および経営の効率に依存する」内部経済（internal economy）と、「産業の一般的な発展に依存する」外部経済（external economy）、さらに企業のライフサイクルという三つの概念によって説明した（「経済」とは、利益ないし節約のこと）。内部経済は、分業や機械化、企業家の活力によって生じる。内部経済には限界があるから、分業の利益として生じる収穫の逓増はじきに逓減に向かう。それに抗して逓増を持続させるのが、外部経済である。外部経済は、「同じ性格を持つ多数の小企業が特定の地域に集中する」産業集積や、鉄道・船舶による大量輸送や電信・郵便網の発達など社会的インフラの整備、そして大企業化によって生まれる。けれども収穫逓増を維持したからといって、中小企業すべてが大企業になり、市場を独占するわけではない。なぜなら企業には生物のごとく寿命があり、大企業に成りおおせた頃には若い企業に取って代わられるからだ。

このように『原理』のマーシャルは、内部経済・外部経済・企業のライフサイクルという一連の流れによって一国の経済が発展すると見ていたのである。[22]

## †市場の「自然治癒力」を伸ばす政府の干渉

マーシャルが収穫逓増にこだわった第二の理由は、イギリスが後発資本主義国、つまりアメリカやドイツから挑戦を受けていたという事実である。晩年のマーシャルは没落に瀕した母国イギリスを救うべく思索を重ねて本書を出版、五年後に亡くなった。『原理』初版は第一巻と題され、続刊を予告したものの果たせず、三〇年ののちに著したのが本書なのである。翌年に出版した『原理』第八版では、本書が「事実上、続巻である」と記されている。[23]

それだけに本書には、透徹した理論を展開した『原理』を受け継ぐ内容を期待されるかもしれない。ところが対照的に本書は、観察と記述に終始している。第一篇では諸国の歴史と現状を観察し、発展途上国には工業製品にかんし保護貿易を、先進国には自由貿易を求めるという政策論が展開される。自由貿易は先進国イギリスにかんし主張されるのであり、リカードの比較優位説は途上国には当てはまらないと言う。第二篇では市場競争がいかに「組織」されるかを説き、第三篇では市場独占の様相を扱う。いずれも、観察を先行させ理論との融合を図る仕掛けである。

マーシャルは理論家であるとともに、観察者でもあったのだ。「各種の主要な産業に関して、一つあるいはそれ以上の代表的な工場を訪問することによって、産業問題の洞察を深める努力を私が始めてから、ほぼ半世紀に近い年月が経過している」と回顧しており、すれ違った工場労働者から、じかに報酬を聞き出すのを習慣としていたという。

マーシャルは本書で、病人には自然治癒力が身体を回復させるのを促すように治療すべきだと述べている。一七―一八世紀のイギリスでは、大会社が貿易を独占するのに政府が便宜を図ったが、マーシャルはそれにかんし、「元来はむしろ建設的な政策の一部であったが、大多数の産業独占については、同様の弁護論を主張することができない」と述べる。政治は、市場が「自然治癒力」を伸ばすよう、適切に干渉すべきだというのである。

ただ、その「適切さ」がどのようなものであるのかの判断は難しい。そこでマーシャルは欧米諸国の経済発展の歴史をたどり、それらが進化させてきた技術や組織・制度、国民精神を観察、その先で衰退しつつあるイギリス経済を救う指針を考察する。類似性という点では、新古典派のジェボンズやワルラスどころか、リストの『経済学の国民的体系』が連想される作品なのである。

ではマーシャルがリストとどこが異なるのかといえば、リストが観察から直観的に導いた発展段階論や幼稚産業保護論を理屈づけるような、理論を持っていた点だろう。それが収穫逓増をめぐる議論だった。本書の巻頭には、「一の中に多を、多の中に一を」とある。多くの現象から一つの理論を引き出したのが『原理』だとすれば、一つの理論が当てはまる現実の多様さをとらえたのが本書なのだった。

### †愛国心も外部経済である――経済的国民主義をめぐって

マーシャルは本書において各国の多様な事例を紹介し、企業家の活力のあり方や産業集積・社会的インフラ・大企業化といった外部経済によってそれぞれの国がいかに発展したのかを考察する。事例として取り上げられるのはイギリス・ドイツ・フランス・アメリカで、その記述は詳細である。現在の教科書においては、一般に外部経済の原因として、飲食店が集積しているために顧客が集まるとか、港湾や道路が共有されて私的に負担されるはずの費用が下がるとかいうように、産業集積や社会的インフラ等物理的な要因が挙げられるのに対し、そこには止まっていない点に本書の特徴がある。

むしろ彼が強調するのは、情報や知識が交換されるという質的な側面である（この点でも、「国民経済学」を唱えたリストに酷似している）。国内における交易と交通の発達は、コミュニケーションを通じて国民を統合していく。交易のためには嫉妬よりも協調が求められ、マーシャルによればブリュージェ、アントワープ、ベニス、フローレンス、ミラノといった諸都市の気風が交易で一国に広まり、それが愛国心、マーシャル言うところの「経済的国民主義」に結実した。この経済的国民主義が「善」であることは稀である。しかしそれは何倍もの果実を生むものでもある、とマーシャルは述べている。

愛国心が外部経済であるとは、どういうことか。マーシャルは、「ほとんどすべての企業活動は、情勢に通暁した確信にもとづくある種の投機」だと書く。交易においても、相手に対する信頼が必要になる。商売相手のすべてを知ることなど不可能だからだ。ここで企業の信頼や暖簾《のれん》が意味を持つことになるが、さらに「社会的信頼」も交易の前提とされる。公共秩序の安定性についての信頼、国内の騒乱や外国の攻撃を受ける懸念がないという信頼、実業家と立法者の廉直や理性に対する信頼、そして通貨の堅実性と適切な運用への信頼。社会に対するそうした信頼があって初めて、企業活動は可能になるというのである。

そのような他人や社会、国家に対する一般的な信頼を背景に、歴史や気候、自然資源や地理などの差異が加わって、それぞれの国民性が醸成される。それは企業家が製品を生み出すうえでの性癖に表れ、イギリスは「自由な精神」、フランスは「製品の個性と優雅さ」、ドイツは「産業への科学の応用」、アメリカは「生活様式の同質性」を持つ。英米のアングロ・サクソン型、日独のライン型を区別するような現代の分析（M・アルベール『資本主義対資本主義』（一九九一）等）の原型ともいえよう。

マーシャルは、企業制度にも関心を寄せている。企業家が保持すべき活力は、経営者みずからに利潤が属する中小企業において確保される。ところが株式会社が普及すると、所有と経営が分離し、株主は短期的な利益の追求に走り、長期にわたって健全であるべき競争の場が破壊されてしまう。ミルはすでに有限責任を前提に株式会社を容認していたが、マーシャルはイギリス人の特質が個人の自由な精神にあるとして、あくまで中小企業に期待をかけ、政府は情報の公開や教育の向上、技術の開発や振興に努めるべきとした。また大企業には、短期的な利益に走らない「経済騎士道」を求めた。独占体制に安住せず、活力が維持されることに期待をかけたのである。

マーシャルが考える政治とは、各国が国民性にもとづく「自然治癒力」により発展するのを助けることであった。ただし歴史はマーシャルの意に反して推移し、アメリカ・ドイツ・日本が株式会社制度を国民文化の枠にはめつつ生かす方向でイギリスを凌《しの》いでいくのではあったが。

Alfred Marshall, "*Industry and trade*", 1919
(『産業と商業』永澤越郎訳、岩波ブックサービスセンター製作、一九九一)[24]

# ナイト『リスク・不確実性および利潤』（一九二一）
## ――不確実性に覆われた資本主義は「グッド・ゲーム」か

ナイト（一八八五―一九七二）アメリカの経済学者。シカゴ学派の祖。フリードマン、スティグラー、ブキャナン等の逸材を輩出する。

利潤へ導くところの唯一の「危険」は、究極の責任を果たすところから結果する独特な不確実性である。そしてそれはその本来の性質からして保険することもできなければ、また資本化することも俸給化することもできないものである。利潤は、本質的な、事物の絶対的予測不可能性から発生する。また人間活動の諸結果は予期せられえないという全くの野蛮な事実から、そしてまたはこれらについての確率計算さえもが不可能であり無意味であるような限りにおいてのみ発生するものである。（第十章）

### †リスクと不確実性

フランク・ナイトはジャコブ・ヴァイナーやヘンリー・サイモンズとともに自由主義市

場経済を擁護するシカゴ学派の創始者であり、第二世代の新自由主義者、ミルトン・フリードマンやジョージ・スティグラーを育てた。しかしその経済思想には自由放任に対し懐疑的なところがあり、一時同僚であったハイエクにも批判的で、そうした面は後進に受け継がれなかった。

本書はナイトの処女作で、第一次大戦の終結後、アメリカで事業活動が活発化しョーロッパに対する債務国から債権国へと転換、空前の好景気を迎えようとする一九一八年に出版された。

テーマは利潤の源泉と会社との関係で、ナイトは理論面ではマーシャルに同意するとしながらも、完全競争で需給が均衡する静態においては利潤が存在する余地がないとし、利潤発生の根拠を現実が動態にあることに求めた。しかし動態にかんし収穫逓増や現実の観察から把握しようとしたマーシャルとは異なり、ナイトは将来に対する予想の不可能性に注目する。彼の念頭にあったのは、利潤にかんして動態説を提起したJ・B・クラークである。そしてクラークが動態に着目したのは慧眼だとしながらも、彼が将来における変化を予知しうるか否かを区別していない点を批判する。さらに将来に生起する事象にかんする推理の型について知識論を展開し、三種類を区別している。

第一は「先験的確率」である。これはたとえばダイスを投げて目が6になる確率が六分の一であるといった具合に、数学的な「場合」の理論にもとづく確率である。第二は「統計的確率」で、「特定の建物が特定の日に焼失する」確率のように、過去に生起した同様の事象の経験データから予測される確率である。そして第三が、ナイトが注目する「推定」である。その特徴に、先験的確率や統計的確率が算出された時に参照したような状態の特定と分類にかんしての、「なんらの有効な基礎もない」ことがある。一回限りで生起する現象については、数理的な場合分けも統計的な大数法則も成り立たない。ナイトは未知の将来を切り開く事業をこの〝一回限り〟の現象に相当するとみなし、実業家は意思決定を行なう際に「推定」しているのだとした。

前二者は客観的な確率として数量に転換しうるが、推定は主観的な確率によるしかない。そこでナイトは、将来の変化につき確率で予測できる「危険 risk」と、主観的にしか推定できない「不確実性 uncertainty」とを区別した。発生する確率が予測可能な「リスク」については大数法則が成り立つため、保険などのシステムで市場取引することができる。保険の支払いは固定費になるから、「リスク」は費用として処理される。ところが企業家が「不確実性」に対処しようと推定をめぐらしそれが的中して売上げが費用を上回った場合、会計的な「残余」が生じる。ナイトはそれが「利潤 profit」の正体なのだとした。

## †「不完全競争」としての自由経済

本書は第一部「緒論」で経済学の方法論と利潤の学説史を簡単に述べ、第二部「完全競争」で「所与の資源」が「所与の欲望」に対し市場を通じて効率的に配分される静止状態の市場論を扱う。ここでは資源の賦存量《ふそんりょう》や欲望のあり方についての知識は事前に判明しているから、将来に何が起きるかは客観的確率によって推理できる。ナイトは完全競争の本質を、価格や財の質、自分の欲望や手持ちの技術を完全に理解している情報の完全性と判断の合理性にあるとしているが、均衡においては変化もなく利潤も発生しない。均衡に収斂する過程における不均衡状態では超過利潤が発生しているが、ナイトはそれも本質的ではないとする。

そして第三部「リスクおよび不確実性を通しての不完全競争」では、リスクと区別される不確実性が現実の経済には常に存在し、それゆえ完全競争の理論でも扱いうるような保険市場だけではヘッジできない領域の処理が求められ、それこそが自由経済の要となると主張する。

ナイトによれば、そのような「真の不確実性」を処理するために、企業には特殊な型が生まれた。それが「近代社会における事業単位の典型」であるところの「株式会社」で、その重大な特徴に「所有権の分散と、集中化した統御との結合」がある。一八世紀から一九世紀にかけイギリスの企業では、資本家=所有者が経営者も兼ねていた。オーナー経営者であるが、それゆえ個人で利益も損失もかぶらねばならず、一九世紀末からの激動の大戦期を支配した大きすぎる不確実性や、大量生産ゆえの大規模な資本の必要に対処するには限界があった。それに対して二〇世紀のアメリカに普及した株式会社では、所有権を株式に細分化して株主に分散保有してもらい、また組織内では職能を専門化することで将来への推定能力を高めることができる。このような会社組織が現実の自由経済の中心にあり、それは完全競争の理論では分析できないというのがナイトの主張であった。

このように完全競争から出発するものの現実の経済はそれとは異なるという観点は、シュンペーターやケインズなど同時代人たちも共有するものであった(ナイトは一八八五年の生まれで両者の二歳下であるが、各人の主著が出版されるにはそれぞれ一〇年の間隙があった)。シュンペーターの『経済発展の理論』(一九一二)は、企業がみずから率先して起こすイノベーションを動態の原動力とみなし、それを利潤の源泉とした。またナイトが参照した形跡はないものの、不可知な未来にかんする推論という同じ主題を扱い、同年に出版されたケインズの『確率論』(一九二一)との同時代性には目を見張るものがある。

さらに一九三二年、バーリとミーンズはナイトが予言した会社における所有と経営の分離が現実のものとなっていることを実証し、ケインズは『一般理論』(一九三六)において、分散保有される株式は貨幣と選択的に保有されるため、根拠なき不安が支配すると人々は群衆心理から流動性保有に走り、株価の暴落を招くケースがあるとみた。ナイトも一九四八年に付した再版への序文で「ブーム、不況、および失業の理論の諸問題に関しては、投機的市場が典型的に不安定な均衡……を示すという事実から分析を出発すべきであると確信する」と述べるに至ったが、貨幣と社会心理の関係にまで論述は及んでいない。

### †自由市場の倫理――「競争的ゲーム」としての資本主義

むしろ彼が関心を示したのは、自由市場の倫理についてであった。本書と同じ一九二一年に発表した「倫理と経済的解釈㉕」で、ナイトは経済学で扱われる技術等さまざまな与件のなかでももっとも基底的なのは諸個人の欲求であるとしたうえで、欲求を与件としてしまえば倫理学のこれまでの営為は占める場所がなくなってしまうと言い、欲求については「変化し成長することがその本質的な性質」であると述べている。これもまた、市場を動態においてとらえる見方である。しかも「経済的解釈」は生理学的必要を欲求と同一視するが、人はたんに生存のために活動するのではなく、生きるに値するとみなすような人生を送るために生きるのだ、と指摘する。本書においても、必需品に対する欲求は歴史的に形成されるとし、さらには他人と競い合う「社会的欲望」にも言及している。ヴェブレンとも交流があったナイトならではの見方と言えよう。

ナイトはさらに有名な「競争の倫理」(一九二三)において、市場経済の自由放任は、欲求を所与としたうえでの生産と分配の効率性によっては正当化できないとし、その理由を一二の項目から説明している。そのなかには諸個人の欲求が社会経済システムとのかかわりにおいて形成されるという消費社会論的な視点が見られるが、本書とのかかわりでいえば、消費需要が企業にとって不確実性の要因の一つとされている点が注目に値する。これはケインズに共有される考え方と言える。

この論文でナイトは、自由経済には、所与の欲求を充足する手段としての側面があり、それと同時に経済主体の自由な活動が織りなす「競争的ゲーム」という面もある、と述べる。そしてゲームが公平であるには、プレーする能力(ability to play)、努力(effort)そして運(luck)の三つの要素を考慮しなければならないという。しかしゲームは、能力を測るものであり努力を強いるものであるとしても、結果が事前に分かってしまえばゲームたりえない。したがって能力・努力・運の〝割合〟が倫理に適う「グッド・ゲーム」には必要なのであるが、しかし当時のアメリカのビジネス社会は、ナイトの眼には「グッド・

ゲーム」とは映らなかった。

不確実性が個人の能力や努力で担えないほど高ければ、最初に運をつかんだ者が累積的に有利になっていく。良い教育機会は金で買えるし、巨大化した会社だけが不確実性を処理しうるからだ。ごく少数の「産業の統帥」や「金融のナポレオン」だけが競争のゲームを享受でき、大衆はたんなる骨折り仕事に従事させられるのである。こうした視点を保持した点で、ナイトは独占的な企業体を自由の象徴のごとくみなすシカゴ学派の新自由主義者たちに対しては、強力な批判者であった。

## †不確実性を大増殖させた新自由主義

現在の世界にかんしても、本書はきわめて示唆的である。一九八〇年代からアメリカでは、貸し手が借り手に面談したり与信を承認したり回収したりといった業務を分担する専門化が進み、また利回りやリスクをいくつもの順位で切り分けるCMO（モーゲージ担保債務証書）が開発された。銀行はこうした証券化に飛びついたが、しかし専門家が数理的に処理したのは確率の把握しうるリスクにすぎず、証券化で不確実性が無害化されるわけではない。技術革新とは未知の領域に挑むことであるから、当然、それが経済社会にどのような帰結を招き寄せるのかはナイトの言う意味で不確実である。二〇世紀末のアメリカはとりわけ金融分野の技術革新を発展のエンジンに据えようとしたのだが、絶対的な不確実性から逃れられないのが技術革新である以上、不確実性がリスクへと馴化《じゅんか》されるまで、新技術は公的な監督と監視の下におかれるべきであった。

市場競争が参加者相互の監視と規範の生成をもたらすと楽観する新自由主義者はそうした公的規制を無用とみなすが、しかし自分だけは売り抜けたいと望む人々が構成する金融市場では、規範を破って私的利益を追求する傾向を抑えることは難しい。新自由主義の主張が受け入れられ金融市場の規制緩和が推進されたため、不確実性が増殖し、ファンド破綻からサブプライム・ローン問題を経て未曾有《みぞう》の金融危機をもたらした(26)。証券化とは、いわばババ抜きの「ババ」をつかまない技術革新だったが、規制緩和によってババの総量が急増し、ゲームそのものが破壊されてしまったのだ。そして日本の大企業は非正社員を解雇することにより、延命を図ろうとしている。

このような帰結は、やはり「バッド・ゲーム」であろう。ナイトが指摘した「不確実性」と「リスク」の差を識別しない新自由主義的思考が、世界を恐慌の淵に立たせたのである。

Frank Hyneman Knight, "*Risk, Uncertainty and Profit*", 1921
(『危険・不確実性および利潤』奥隅榮喜訳、文雅堂書店、一九五九)

# メンガー『一般理論経済学』（一九二三）
## ――「販売可能性」と「人間の経済」の謎

メンガー（一八四〇―一九二一）オーストリアの経済学者。一八七一年の『国民経済学原理』によりオーストリー学派の創始者となり、「限界革命」をジェボンズ、ワルラスと並んで成し遂げたとされる。

ここには、成文法の慣習法にたいする関係に似た関係がある。すなわち交換手段はもともと法律や社会的契約によって成立したのではなく、「慣習」によって成立したのである。つまりそれは、社会的に共同生活を営む諸個人の主観的動機や知性の発展程度の類似性に対応して、これまた類似性を示す彼らの志向・思考・行為によって（社会構成員の個人的な営為のおもわざる結果として）成立し、模倣による普及と知性の進歩のために一般的に使われるにいたったのである。（第九章）

†『国民経済学原理』の改訂

カール・メンガーは三一歳時に出版した『国民経済学原理』(一八七一)で、いわゆる「水とダイヤモンドのパラドックス」に触れている。「なぜ一ポンドの飲み水は通常の状態ではわれわれにとり何らの価値ももたないのか、それなのになぜ一ポンドの何十何百分の一の金やダイヤモンドが通例われわれにとり極めて高い価値を示すのか」、と。

これについてメンガーは、大略、水は自然界における賦存量が無尽蔵であるために、すべての欲望を満たしてもなお使いきられず、一方ダイヤモンドや金は賦存量が少ないために、欲望の全体を満たすことができない、と述べている。こうした記述においてメンガーは、「価値」が価格であり、それは限界効用(と限界費用)によって決まると指摘したと理解され、ワルラス、ジェボンズと同時かつ独立に限界革命に寄与した人、つまり新古典派経済学の創始者の一人と目されている。

その後メンガーはドイツ歴史学派に方法論争を挑み、「共同意思」や「国民経済」といった概念で集団を擬人的にとらえる思考法を批判して、貨幣や法などの社会現象は諸個人の相互作用の中から意図せずして生み出されるという「精密的理解」を唱えた。さらにその延長上で貨幣論を発表したものの、不思議なことに、『原理』については九〇年代に各国から寄せられた翻訳の申し出を拒否し続けた。それは抜本的な改訂を試みたからだと言われ、実際に一九〇二年には著述に専念したいという理由により六二歳でウィーン大学を退官、無数の本を読破して大部の草稿を書いたが、二〇年経っても一書にまとめ上げず没した。

本書は息子のカール・ジュニアがメンガーの死後に編集して刊行した、約半世紀後の第二版である。邦訳は初版とは別タイトルとなっているが、本書解説によれば、一橋大学のメンガー文庫に所蔵されている改訂のための著者用特製本の書名が、メンガーの自筆でこう改題されていたためだという。

## †「限界革命」をめぐる自己批判？

本書をめぐる謎に、この改訂がどのような構想のもとになされたかというものがある。メンガーは、直接消費される「第一次財」、それを生産する原材料の「第二次財」、資本財の「第三次財」、労働など「第四次財」といった具合に、低次財から高次財へと「節約化―経済化」の方向で連鎖が形成されるとした。ベーム＝バヴェルクやL・ミーゼスはそうした迂回生産の過程を将来にかんする予測や資本・利子とのかかわりで解明しようと試み、連鎖のすべてが市場価格によって調整されるとして、新古典派とも親和性の高い「オーストリー学派」を生んだ。

ところがもし本書の改訂が限界革命についての自己批判を試みたものであるならば、それは新古典派に対する批判ということになる。K・ポラニーは、遺稿集『人間の経済』[27]（一九七七）において、新たに書き加えられた本書の第四章第三節「人間の経済の基本的二方向」に触れている。限界革命を経て新古典派は、ロビンズが経済学についての稀少性定義を提起する方向へ向かったが、メンガーはその過程を誤った道とみなしたのだ、と解釈するのである。

ポラニーによれば、メンガーの言う「基本的な二方向」とは、「技術的─経済的（technisch-ökonomisch）な方向」すなわち財に対する需要を充たすのに必要な財がすべては提供されないという稀少性が存在し、生産手段を効率的に配分して財を有効に生産しようとする方向と、「節約化─経済化（sparende-ökonomisierende）」つまり財のみならず生産手段も十分に支配できない（不足する）ときに不十分な財を時間の流れの中で配分する方向とである。

ポラニーは前者を経済行動の「形式的定義」とみなし、人間行動における目的─手段関係の論理的性質にすぎないという。それに対して後者を「実体＝実在的定義」と呼び、人間が生きながらえるために依存する自分自身と自然環境のあいだの制度作用の過程のことみなす。労働や土地、資本といった生産要素は稀少性ゆえに選択の対象になる一般の商品とは異なることを強調して、資源が不足するときに何をなすべきかを考察することの重要性を訴えるのである。ポラニーの挙げる「水や空気の入手可能性とかやさしい母親の幼児への愛情」は、人間が予算制約の範囲内で合理的に選択する商品ではなく、選択以前に人間が存在するのに必要とされるものである。母親の幼児に対する愛情は、水や空気のごとく幼児にとって無条件に必要なものであり、それをふんだんに与えられてこそ幼児は長じて合意により契約するような能力を体得するのである。

ポラニーは『大転換』(一九四四)において労働や土地、貨幣が「本来、商品ではない」と指摘し、生産要素には市場化の限界があるとして、制度や慣行による保護を通じて生産要素市場に制約を課そうとする社会運動に期待をかけたが、メンガーの示唆した経済にかんする「実体＝実在的定義」に接してからは経済人類学を展開し、経済の実体＝実在とは何かを模索した。

## †商品の販売可能性

メンガーの論述には確かに両義的な部分があり、それが改訂版を生前に刊行できなかった理由かと憶測される。第八章には、「商品の販売可能性」という概念が提示されている。メンガーは、商品には売れやすいものと売れにくいものがあるという。つまり商品はそれぞれ「市場性、流通性」の度合いに違いがある。メンガー自身はその理由として需要量の少なさ、法律・風習・偏見や地域の伝統、輸送にかかわる物理的障害などを挙げ、定期市や取引所、オークションなどが定着し交易が組織化されるとそうした制約が緩むため、販売可能性は高まると述べている。

けれどもそうだとすれば、市場化が進み様々な市場が結びつき、しかもインターネットが普及して仮想空間にもオークションが組織されている現在、いかに特殊で小さな需要しかない商品であれ、需要者が見つけ出される可能性が高まっていることになる。新古典派からすれば、完全競争の状態において財の需要と供給が均衡しているときには望むだけ売れることになるから、販売可能性とは不均衡状態での交換を指すと理解するしかない。

けれどもメンガーは、たかだか不均衡の程度について述べるためにわざわざ「販売可能性」なる概念を持ちだしたのだろうか。ここで本書冒頭で初版から大きく改訂された欲望論を重ね合わせれば、印象は変わってくる。メンガーは主観主義を唱えたと通常言われているが、各人の効用関数の形状が異なる、といった新古典派の「主観主義」と彼のそれは相当に異なっている。

新古典派では、リンゴはみかんと代替材であるなどとされるが、ここでいうリンゴとみかんの差異は植物学的・客観的に定義されたものである。ところがメンガーは、「財としての性格もまた、物に付着しているものではない。それは物のある種の客観的な性質を前提としてはいるけれども、それ自体は性質ではなく、物とわれわれとの関係であり、それが消失すればこの物は財であることをやめる」と述べている。ある財が財になるのはわれわれがその事物と結ぶ「関係」によるのであり、関係次第で果実は食べものであるとは限らず、陳列品にも種子にもなりうる。メンガーの主観主義とは、そうした関係や使用目的にかかわるものなのである。

そうした意味で主観性をとらえれば、販売可能性とは、消費者が財をどのように位置づけているのかを供給者が理解し損ねているために生じる現象と見ることもできる。そうした解釈の遅滞は、市場の組織化がいくら進もうとも消えることはない。一例を挙げよう。ココアは飲料としてはながらくあまり売れない商品だったが、ポリフェノールが多く含まれるとテレビで報じられると、抗酸化作用を持つ健康食品として瞬く間に需要に火がついた。供給側はココアを飲料と規定していたが、消費者は健康食品としてしか需要していなかったのだ。ココアの販売可能性は、飲料として売ろうとする限り低く、健康食品としてであれば高いのである。

これは、需給の不均衡にかかわる問題ではない。実務家としてコンビニエンスストアを創始したセブン・イレブン・ジャパン会長の鈴木敏文は、販売可能性に相当する造語として商品を「売れ筋」と「死に筋」に分け、コンビニは死に筋をカットし売れ筋を完備する業態としている。売れ筋・死に筋は価格とは無関係であり、たとえ価格を下げても死に筋商品が売れ筋に転じることはないという。コンビニは消費者と商品の関係を読み取り、販売可能性を高めようとする流通業態なのである。

## †貨幣の生成――社会心理が金融市場を動かす

またメンガーは、貨幣の生成についても商品の販売可能性の概念を用い、斬新な見解を述べている。物々交換では、自分の欲しい財を持つ他人が自分の持つ財を欲する見込みは小さい。この「欲望の二重一致」の困難を除くべく、貨幣は国家によって強制された(貨幣国定説)とか、新古典派のように社会契約によって合意のうえ導入されたとか言われてきた。しかしメンガーによれば、販売可能性の高い財は他の財よりも交換できる見込みが高いため、そうした知識は「実習と模倣、教育と習慣」によって拡がり、もっとも販売可能性の高い商品が人々の自由な営為のなかでいつのまにか貨幣の座に祭り上げられる。これはハイエクが強調した「意図せざる帰結」としての慣習の生成ということで、貨幣は国家が法律で生成させうるものではなく、国家には事後的にのみ承認されるのである。

この貨幣論を、ゲーム論的な協調のうちから進化論的に生成するものとして、新古典派の枠内でとらえることも不可能ではない。しかし新古典派には、貨幣について客観的に定義しうるとみなす特徴がある。ここでもメンガーの販売可能性や主観主義の概念を当てはめるならば、貨幣とは国家や合意によって定義される客観的な「物」ではない。流動性（販売可能性）が高いと信じられる資産であるならば、金や紙幣だけでなく定期預金から株式、電子マネーから土地までが「貨幣」とみなされるのである。そのとき中央銀行がいかに金融を引き締めたとしても、貨幣は自生的に増殖してしまっている。逆に多くの資産の流動性に不安が蔓延《まんえん》すれば、貨幣（と信じられるもの）は意図せずして減ってしまう。

ハイエクはメンガーから主観主義を継承したが、通貨の発行も銀行に任せるという彼のフリーバンキング論は、市場の自生的秩序形成力への楽観を示している。楽観や不安によって貨幣の規定が変わるという視点はケインズが抱いたものだが、楽観論にせよ悲観論にせよ金融市場に社会心理を見る議論の源泉は、メンガーに由来するのだといえる。

本書はこのように両義性に満ちている。そしてそれは、のちの経済思想史が様々に分岐する源となっているのである。

Carl Menger, "*Grundsätze der Volkswirtschaftslehre*", 1923

（『一般理論経済学』1・2、八木紀一郎、中村友太郎、中島芳郎訳、みすず書房、一九八二―八四）

# ロビンズ『経済学の本質と意義』（一九三二）
## ——形式化と価値自由は〈科学〉の条件か

ロビンズ（一八九八—一九八四）イギリスの経済学者。ロンドン・スクール・オブ・エコノミックスの経済学部長として同大学をケンブリッジに対抗する拠点に育てる。反ケインズの立場を固守した。

時間および目的達成のための諸手段が限られており、かつ代替的使用が可能であり、しかもそのいくつかの目的に重要性の順位がつけられうるというのであれば、そのときには、行動は必然的に選択という形式をとることになる。一つの目的を達成するために時間と希少なる手段とを投入する一切の行為は、他の目的達成のためにそれらを使用することを断念することを意味する。それは経済的側面をもっている。（第一章）

### †経済学とは「稀少性」と「選択」を主題とする科学である

冒頭に掲げた文章は経済学が「稀少性」と「選択」を中心とする学問であることを述べ

たもので、少しおいて「経済学は、諸目的と代替的用途をもつ希少な諸手段との間の関係としての人間行動を研究する科学である」という経済学の定義が導かれている。これは現在、大方の入門書において、「経済学とはどんな学問か」を論じる際に紹介されている。本書は経済学の定義づけにかんし、決定的な影響を与えた書物なのである。

もっともライオネル・ロビンズ自身はこの定義について、自己の主張を哲学的に精緻化したものではなく、当時のもっともすぐれた諸著作を自説に関連づけて整理したにすぎないと、「第一版への序言」で謙虚に記している。さらに本論冒頭では、「一つの科学がある一定の発展段階に達するまでは、その範囲を定めるなどといってもとうていできない」と述べ、経済学が「問題の同一性が発見される程度にまで統一的なものとなったのは、ごく最近のこと」としている。つまり彼は、経済学の中核を担う問題はスミス以来ながらく茫洋としてきたが、一九三〇年代に至ってようやく自分たちがその正体を「稀少性」や「選択」と見抜いたのだ、と言っているのである。

これは一見したところ謙虚に見えて、実は大胆かつ不遜《ふそん》な発言である。というのも、それまでの経済学説史は「稀少性」や「選択」の概念が勃興する模索過程として描かれるべきであって、それ以外の概念や経験、思索は無用な寄り道として切り捨てるべきだと言っているのに等しいからだ。そして「稀少性」や「選択」を中心概念とする現代の経済学は、実際にヒュームの文明論やスミスの倫理学と「自然」の概念、マーシャルの「経済的国民主義」やメンガーの「販売可能性」等を切り捨てていった。

ロビンズはこのような自信に満ちた宣言を、当時最先端の思想と目された「科学」という概念の裏づけを得たものとして、打ち出した。だがその時代には永遠の真実であるかに思われた「科学」なる言葉は、次第に色あせていくことになる。現在も経済学を中心に素朴に信じられてはいるものの、二〇世紀を通じて疑念が突きつけられ続けたのである。

## †形式合理性と価値中立性

本書が語ろうとしたことは、明快だ。第一は、「形式」への注目である。それまで政治学が権力を扱い歴史学が過去の事象を扱ったように、古典派経済学は独自の実質的対象として「物質」を追求してきた。しかし物質と並んでサービスも経済分析の主要対象であるから、物質だけを対象としていては不十分である。しかし物質とサービスを含むより広範囲の実質的な概念を探すべきではなく、むしろ「形式」に焦点を当てるべきだ、というのがロビンズの提案である。そもそも経済における「実質」を追求したことが古典派の間違いだったのであり、経済学は対象の如何にかかわらず、本来は分析方法の「形式」に着目すべきだった、というのである。

第二は、経済学は倫理性ないし価値判断から自由である、ということ。それは経済学が不道徳であるとか冷酷であるとかではなく、ウェーバーが社会科学に求めた価値中立性を追求すべきであり、実際にそれは可能だというのである。経済学は目的と手段の関係を扱うが、目的それ自体の是非を論じたりはしない。ロビンズが挙げる「売笑婦のサービス」といった事例も、それが稀少でありさえすれば他の稀少な財やサービスと同様、経済学は分析の対象とする。なぜなら、経済学は物質やサービスの実質的内容によって規定されるのではなく、何であれ形式的に分析する手法にすぎないからだ。したがって経済学は、麻薬であれ銃であれ戦争であれボランティアであれ、同一の手法で扱うことができる。「不道徳な経済学」といったタイトルの本があるが、経済学は道徳も不道徳もともに容れる器だというのが、ロビンズが示した考えであった。

第三は、「効用の個人間比較」の不可能性。これもまた本書を著名ならしめた主張で、第六章がそれに割かれている。これは現在ではもっぱら基数的効用から序数的効用へという効用概念の転換であるとか、社会的効用関数の定式化の問題として引用される概念だが、ロビンズはこれをもっと具体的な論争にかかわらせて論じた。

マーシャルからA・C・ピグーに至るケンブリッジの伝統においては、フェビアン社会主義のもとで進みつつあったイギリスの福祉国家化が、次のようなロジックで正当化されていた。「限界効用逓減の法則」によれば、人が何かを多く持てば持つほど、最後の一単位への評価（限界効用）は次第に小さくなっていく。それゆえ、より多くの実質所得を持つ人ほど、所得の増加分から得られる効用を小さく評価しているはずである。豊かな人の所得の限界効用（余分に得た一万円のありがたさ）は、貧しい人の所得の限界効用（余分に得た一万円のありがたさ）よりも小さいのである。したがって、生産にたいした影響を与えない限りで富んだ人の所得を貧しい人に移転するならば、社会の総効用は増大するであろう、と。

ロビンズは、このようなベンサム的功利主義の論理には「効用の個人間比較の可能性」が前提されていると言う。そうでなければ、富者の限界効用と貧者の限界効用のいずれが大きいとか断言できないはずであるから。しかしそれはロビンズにとって、効用が主観的なものでしかないことを無視する暴論であった。効用は主観的なものであるから、それを社会全体で足したり引いたりすることはできない。

当時、ロビンズの周辺（ロビンズ・サークル）では、J・R・ヒックスらが基数性から序数性へと効用理解の転換を進めつつあり、効用は限界代替率に反映されることはあっても、研究者が絶対的な大きさを直接に測定したりできるものではない、とされた。ロビンズの福祉主義批判は、自分がリーダーとして追求していた効用概念の転換というプロジェクトを背景としていたのである。そしてマーシャルの『経済学原理』を、事実にかんする「である」命題と、当為(倫理)にかんする「べき」命題が混在する著作として批判し、経済学は、「である」命題のみを客観的・形式的に扱うべきとした。ロビンズのこうした批判によって社会全体の効用の多寡を論じるピグーの『厚生経済学』は大きな打撃を被り、公正さよりも効率性に重心をおくパレート最適性の概念を中心に据えるヒックスやカルドアの新厚生経済学が優勢となっていった。このようにロビンズは、経済学の課題として、論理性や形式合理性、没価値性や厳密性を掲げたのである。

## †「科学」としての経済学は何を見失ったか

ところが哲学方面では、ロビンズが唱えた狭義の「科学」の確実性はじきに疑われるようになっていった。

科学と非科学の線引きを試みた一九二〇年代後半の「論理実証主義」では、有意味な命題とは直接体験(感覚与件 sense data)に還元されうる命題のこと(ラッセル)とか、物理学が行なう「もの」の振舞いを時空内で記述するような命題(プロトコル命題)のこと(カルナップ)とされた。しかし命題はあくまで言語で記述され、どれほど感覚に即した言語であっても一回きりの感覚と対応するとはいえず、過去・現在・未来にわたる多くの感覚経験の総体にゆるやかに連携しており、物理学の記述にしてからが実験器具の使い方や観察者の理解によって不確定な部分がある。形式性や客観性と言ったところで研究者の言語の使用法や測定法、解釈の恣意性から逃れることはできない。そうした疑念がつきつけられたのだが、経済学では依然として、「科学」とは形式性のことだと定義され続けているのである。

経済学のおかれたこうした事情につき清水幾太郎は、名著『倫理学ノート』(一九七二)で、善を満足に結びつけたとして功利主義を否定するG・E・ムーア以降、倫理学において(感覚によってとらえられる満足のような)自然なものがタブーとなったが、それはウェーバー以降、社会科学において価値がタブーになったのと軌を一にしていたと評している。ロビンズはムーアにならって功利主義批判、ウェーバーにならって価値批判を行なった。それは倫理から自然(経験)を、社会から価値を追い払う試みであった。だが清水によれば、その果てにロビンズは、「人間の生命」を見失ってしまったのである。論理や形式を経験や価値から切り離せるというのは、浅薄な思いこみでしかない。論理や形式は、むしろ経験や価値を不可分の土台とすることで生命を宿すのだ。

ロビンズの定義により、経済学は「科学」を自称する権利を得たと思いこんだ。その結果、倫理につき切迫した決断をふまえることもなく数量データをいじることに専念するような、現実の如何によらず規制緩和以外には特段の政策提言を持たないような幼稚な学へと経済学を変質させてしまった。もっともヒックス自身は『価値と資本』（一九三九）で経済学の序数化と数学的形式化を徹底して推し進めたのち、一転して価格の固定性が支配する現実の市場が成立した歴史的経緯を追い、『経済史の理論』（一九六九）を著した。また近年、「実験経済学」の分野で、形式合理性には合わない選択をなぜ我々は現実に行なうのか、実験によって明らかにする試みがなされている。(28) 錯覚や習慣、流行等は、形式的な整合性や個人の主体的な選択の結果とは言い難いが、誰もが日常に経験する現象である。

ロビンズは当時、ハイエクらとともに社会主義経済計算論争にかかわり、もっぱらワルラス流の均衡理論をもって自由市場を擁護しうるという立場をとっていた。しかし論争は、ワルラスモデルが社会主義計画経済にこそ適用しうるとの結論を得て終息した。ロビンズの科学主義は、むしろ社会主義経済を正当化するものだった。一九三〇年代の科学信仰にコミットしたことをいち早く自己批判してのけたケインズおよびハイエクにならい、経済学は再出発しなければならないのである。

Lionel Charles Robbins, "*An Essay on the Nature and Significance of Economic Science*", 1932（『経済学の本質と意義』辻六兵衛訳、東洋経済新報社、一九五七）

# III

# バーリ＝ミーンズ『近代株式会社と私有財産』（一九三二）
## ――株式会社は誰のものか

バーリ（一八九五―一九七一）アメリカの会社法学者。
ミーンズ（一八九六―一九八八）アメリカの経済学者。

株式会社の富の所有権が、より広範囲に分散されて来るに従って、その富の所有権と、これに関する支配とは、同一の掌中にあることが段々と少なくなるに到った。株式会社制度のもとでは、産業用富に関する支配は、最少限の所有権益に基づいて行使することが出来、また、実際に行使される。更に、おそらく、支配は、そうした所有権益が全くなくしても、行使出来る。少しの支配力をもたない富の所有権、また、少しの所有権もない富の支配なるものが、株式会社発展の論理的所産として出現する。

（第一篇第五章）

†「所有と経営の分離」は現実に生じているのか？

アダム・スミスは『国富論』で、個人会社こそが利潤の追求と経営の合理性を両立させ、ひいては国富の増進に寄与すると述べている。経営者が資本を自分で所有し、労働者を直接に雇い、土地を自分の名で借りるため、責任を持って利潤追求に励むからだ。マーシャルもまた、経営者が所有者でもある古典的な中小企業を望ましい形態と考えていた。そして彼らは、経営者が企業の非所有者でありうる株式会社は放漫経営に陥るとして、これを否定していた。実際、一九二〇年代に至るまで、イギリスでは個人・合名会社が支配的だった。それは小規模な生産活動に適した企業形態であった。

しかし一九世紀末の経済先進国において、産業の主役は繊維から鉄鋼に移りつつあった。鋼鉄は「規模の経済性」が強く働く製品であり、大規模生産体制を整えることが必須となっていた。しかし企業において固定資本を巨大化させようとすると少数の資本家で企業の資金需要のすべてに応えることは不可能になるため、個人企業は限界に直面した。こうした要請に応えて登場したのが「株式会社 joint-stock company」であり、資本を小口単位で分割し、譲渡可能な有価証券である株券として売却することで、資本市場から巨額の資金を調達することが可能になった。イギリス経済を世界に冠たる地位に押し上げた中小企業形態が、二〇世紀になると逆に束縛となっていたのである。

株式会社は一七世紀、オランダやイギリスの植民会社として世界史に登場しているが、アメリカではとくに公益事業で採用され、有料道路や橋・運河の建設、消防隊の創設、銀行・保険など公的性格の強い部門で普及していった。

株式会社は公開の証券市場で大衆に株を販売するため、閉鎖的だった個人企業とは異なって半ば公開のものとなり、また所有者たる株主は経営にかんする支配力から切り離されがちになる。それがアメリカの産業部門で見られるようになったのは一九世紀初頭で、最初の主要製造業は、合計持株数が二二%にすぎない取締役会が経営するボストン・マニュファクチャリングだったと言われる。株式会社は一八六〇年頃までは繊維産業のみに止まっていたが、南北戦争の前には大量の資本を必要とする鉄道敷設がブームとなり、大量生産が主になる南北戦後になると、鉱業、採石をはじめ様々な分野が導入していった。

けれどもアメリカの経済法はイギリス的なコモン・ローで、そこで前提される企業の形態は、所有者が利潤を全額受け取るというものであった。つまり所有と経営が分離するという事態は法的には想定していなかったのである。理論的にはすでにナイトが『リスク・不確実性および利潤』で所有と経営を分離させる会社組織の必要性を論じていたが、株式会社における「所有と経営の分離」は事実として進んでいるのか、進んでいるなら経営者が所有者＝株主の利益に反する行動に出たときに法的にはいかに規律づけられるべきか、さらには株主が短期的に株価をつり上げて売り抜けようと、将来にわたり必要と目される土地や資産の売却を命じたときに経営者はどうすべきか、等が問題になる。

## †経営者支配

本書は経済学者ガーディナー・ミーンズと法学者アドルフ・バーリがアメリカにおける株式会社の動向にかんし行なった調査の報告書である。それは株式会社において経営者への「権力の集中」と株主における「所有の拡散」、併せて「所有と経営の分離」が生じていると主張し、世に衝撃を与えた。とくにミーンズが担当した第一篇「財産の変革」は著名で、上位二〇〇社を分析、経営者支配が進んでいることをデータによって解明した。「実証」という手法がこれほど鮮やかに経済観の枠組みを転換した例は、経済学説史上、さほど多くない。さらに第二篇「諸権利の再編成」では、経済力が集中する過程で発生する諸問題について法的な解釈を行ない、第三篇「証券市場における財産」では会社の経営には足場を持たなくなった株主が活動する場として証券市場を分析、最後の第四篇「企業の改組」では著者らの提言を記している。

実証分析としては、二つのことが論じられた。一つは、株式所有権が分散したということ。一九〇〇年には四〇〇万人だったアメリカの株主は、二九年後には一八〇〇万人に膨れ上がった。とりわけ高額所得者ではない層で、株主は急増した。また最大の株主は、それ自身の株式が多数の人に所有される別の会社である。つまり筆頭株主は他の会社なのだ。こうしたことから個々の株式所有者は会社の経営にかんし無力になり、会社に所有者個人の独創性や個性が反映されるといったことも起きにくくなる。

二つには、支配形態に逆転が生じ、経営者支配が浸透してきたこと。彼らは支配の形態として、以下の五つを挙げている。

a「完全な所有権」。株の全部を個人が持つ個人会社。

b「過半数持ち株支配」。取締役会の選出権限を押さえている会社。

c「法的手段による支配」。過半数を持っていない状況で、合法的な支配が確立されている場合。具体的には、完全支配する小さな会社が別会社の株の過半数を持ち、それがまた別の会社の過半数を持ち……といった「ピラミッド型」による支配があり、無議決権株式の利用や議決権信託の組織化といった手法が講じられることもある。いずれにせよ、安定した支配形態ではある。

d「少数持ち株支配」。少数の個人や集団が、過半数以下ではあるものの株式を所有しており、その株式によって事実上、十分に会社を支配できている場合。議決権の過半数を統御するために、分散株主から充分な委任状を収集するといった方法がとられる。

e「経営者支配」。所有権があまりにも広く分散しているため、経営者が会社を支配しえている場合。けれども経営上の不手際があったときには、一部の株主が自衛委員会を立ち上げ、個人株主をまとめ上げて経営者を置き換えることもありうる。経営者が相互に敵対することもあり、その際は株主たちからの委任状争奪戦が勃発する。

著者らは上位二〇〇社のデータから、このうち「経営者支配」が会社数の四四％、富の五八％と約半数を占めていることを明らかにする。「法的手段による支配」はそれぞれ二一％と二二％、「少数持ち株支配」が二三％と一四％。残りの二つすなわち伝統的な中小企業は、「過半数持ち株支配」が五％と二％、「完全な所有権」は六％と四％で、合わせても約一〇％にすぎない。aからeのうちで前三者は法的に正当化されているものだが、後二者では事実上の支配が行なわれている。法による正当化を欠いているにもかかわらず、経営者支配は圧倒的な割合を占めるに至っているのである。

### †金融資産市場の不安定化

本書が発見した「所有と経営の分離」は、現在に至るまで資本主義経済の趨勢となった。それが引き起こした現象として、第一に、株式会社化に起因する金融資産市場の不安定性がある。本書の四年後に出版されたケインズの『雇用・利子および貨幣の一般理論』は、所有と経営の一致を前提する新古典派を、株式所有権の分散の観点から批判した書と見ることもできる。ケインズの主張は、株主が企業の利潤（配当）を当てにするよりも投機に走りがちになり、過剰に悲観すれば貨幣を使わなくなり流動性の罠に陥って、不況を招き寄せるということだった。

バーリ＝ミーンズはこれについて、「個人の富の価値は、一方では、企業を指揮する人々——典型的所有者はこれらの人々に対しては支配力をもたない——の諸行為によって決定され、他方では、敏感な、また、時々気まぐれを起こす市場で活動する他の人々の諸行為によって決定される」と述べている。株主にとっての利益は、彼らの言うことを聞くとは限らない経営者と、気まぐれな株式市場の動向とによって与えられるようになったのだ。

## †M&A——企業は株主のものか？

第二は、会社の買収（M&A）である。所有と経営が分離されたため、株式を市場で大量に取得すれば、買収が可能になる。それを避けるために日本では、一九六〇年代から、複数の株式会社がお互いに発行済株式を保有しあう「株式持ち合い」現象が見られた。信頼できる会社に株式を持ってもらい、買収を防ぐことが狙いである。株式には株主総会で議決する権利が含まれており、株主は会社の意思決定権、なかでも取締役の選任・解任の権限を保有している。買収を防ぐことができ株価が短期的にも安定すれば、経営者は長期的な見通しのもとで経営することができる。

日本では一九九〇年代に株式の持ち合いが解消され、二〇〇五年のライブドアのニッポン放送への敵対的買収以来、村上ファンドの阪神電鉄買収、楽天のTBS買収、王子製紙の北越製紙買収からスティール・パートナーズのブルドックソース買収、マッコーリー・グループの日本空港ビル買収等が続き、もはやM&Aは日本でも看過できない現象となった。そこで買収にかんする法の整備が急がれている（アメリカ経済法の分析が、本書第二篇である）。

法には国により個性があるが、アメリカの場合、取締役会の権限が強く、株主権限は弱くていつでも防衛策を導入できるから、逆に言えばあまり神経質に準備しないでいられる。対照的に日本の会社法には株主平等原則があり、取締役会はさほど強い権限を持たないため、委任状争奪戦が激化する傾向にある。

本書に対しては、早くからP・スウィージーらマルクス派から反論がなされた。マルクス派からすれば、株主は資本を会社に投じ、経営者が労働者から搾取を行なうことで資本の増殖を実現するのであるから、「所有と経営の分離」は認めがたい。そこで、個人株主こそ経営を支配できなくなったにせよ、他の会社が筆頭株主であるから、「所有なき経営」

というよりも法人所有の形をとった「所有にもとづく支配」とみなすべきだ、等と批判している。確かに、「所有」が経営権力とのかかわりを断ち切ったとはいえない。というのも、所有者が経営者を置き換える権利を完全に手放すわけではなく、M&Aの形でそれが実行されることがあるからだ。少なくとも買収に際しては、株主は依然として経営に対して強い権限を持っているし、会社の資産運用について株主総会で発言することも稀ではない。

では、M&Aの原則はどうあるべきか。著者らは第四篇で見解を述べている。そもそも個人会社が株式会社に転換したのは、大量生産のための設備投資資金が必要だったからだ。だが、株式会社の本質は、それだけには止まらない。会社は、たんなる労働者や機械の集まりではない。人が人と関係を結び、組織を築き上げる。会社は顧客に「暖簾」(ブランド)の価値を評価される。会社は個別の人や機械からは独立した「有機体としての生命」を持ち、それが経営者によって指揮されているのである。

著者らは、「支配集団は、むしろ、所有者、または、支配者のいずれよりもはるかに広い集団の権利に対して道を開いたものである。彼らは、近代的株式会社は所有者だけでもなく、また支配者だけでもなく、全社会に対して役務を提供すべきものであると要求する地位に、この社会を置いたのである」という。つまり会社はそこにかかわる人々の「関係」から利潤を生み出すのであり、株主の分け前は「関係」維持に用いられる部分を除いた残りを上限とするべし、と主張するのである。「企業は株主のもの」という一部株主の主張があたかもアメリカの標準的見解であるかに理解されることがあるが、著者らの提言にも見て取れるように、それは虚像というべきか、もしくは一部の見解にすぎないのであろう。

Adolf Augustus Berle, Gardiner Coit Means, "*The Modern Corporation and Private Property*", 1932
（『近代株式会社と私有財産』北島忠男訳、文雅堂書店、一九五八）

## ケインズ『雇用・利子および貨幣の一般理論』(一九三六)
### ――貨幣経済を動かす確信と不安

ケインズ(一八八三―一九四六)『平和の経済的帰結』で時論家として出発、『雇用・利子および貨幣の一般理論』は世界に革命的というべき影響を与えた。大戦後は国際通貨制度の設立にも携わる。

もし利子率の引下げがそれだけで有効な救済策になりうるとすれば、回復の達成は、あまり長い期間がたたないうちに、多かれ少なかれ貨幣当局が直接に用いることのできる手段によって可能になるであろう。しかし、実際のところ、普通はそうはいかず、資本の限界効率が産業界における制御できない強情な心理によって決定されている以上、それを回復させることはけっして容易ではない。個人主義的資本主義の経済においてきわめて制御しにくいものは、日常的な言葉でいえば、確信の回復である。(第二二章)

## †非自発的失業はなぜ生じるのか──均衡理論批判

『一般理論』は難解をもって知られる。それは一九二九年にアメリカで勃発し世界に波及した不況と、それに起因する非自発的失業の増大を解明するという課題が困難なものであるとともに、直接にはイギリスの専門的経済学者を論破すべく著された論争の書であることが大きい。批判を積み重ねながら非自発的失業が生じる理由を突き止めていく書き方がなされ、しかも批判される側の論理を一部受け入れながら筆を進めたため、受け入れられた論理を拡大解釈してしまうことによる誤解も誘発した。

ジョン・メイナード・ケインズは「古典派」を「リカード派」とも呼び替えつつ批判しているが、そこにはJ・S・ミルやマーシャルまで、すなわち新古典派までが含まれている。新古典派の中心をなすワルラスの経済理論では、「交換」や「貨幣」などの概念が経験から導かれてはいるものの、需要量と供給量が価格の上下動によって均衡するという性質が時空を超えて当てはまると前提されている。

『一般理論』が示そうとしたのは、新古典派の均衡理論が特定の場合にしか成り立たないという、より「一般的」な経済観である。ケインズはとくに、「失業とは賃金が労働市場の均衡値よりも作為的に高く設定されるために起きる現象である」といった新古典派の見方を批判する。そして賃金の下方硬直性は慣習となっているが、仮にそれが収縮的であり下がったとしても、消費性向(29)や資本の限界効率(30)、有効需要(31)が影響を受ける（増大する）ことなしには失業は減らず、むしろ逆の効果を及ぼす（減退させる）可能性が高いと結論した（第一九章）。

最近の「マクロ経済学」の教科書、たとえばマンキューのそれは、ケインジアンは短期的な賃金・価格の硬直性を主張し、それに対して長期的に不況が続けばデフレで賃金と価格が下がり、非自発的失業は消滅するとしている。しかしケインズの原著をちゃんと読めば、賃金が労働市場の不均衡を調整する（賃金の硬直性が非自発的失業の原因である）ような総需要＝総供給分析は、『一般理論』が批判するA・C・ピグーの説であることが分かる。均衡理論の枠組みでは、雇用の不均衡は価格メカニズムが働かないために生じたと見るしかないのである。ということは、ケインズ自身は均衡理論という思考法そのものを破棄しようとしたということになる。

ケインズはハロッドに宛てた手紙で、こうハロッドを批判している。「私が思うに、経済学は論理学の一分野なのだが、あなたはそれを擬似的な自然科学としてしまうことに十分にしっかりと拒否の姿勢を示していません。……経済学とは、その社会に適合するようなモデルを選択する技術であるとともに、モデルを用いた思考の科学です。経済学がそうであらねばならないのは、典型的な自然科学とは異なり、極めて多くの面で時間を通じて斉一的ではない事象を扱うという性格を有しているからです。あるモデルをたてることの狙いは、一時的ないし流動的な諸要素と比較的恒常的な要素とを分離し、そうした半恒常的な要素についての論理的方法を展開することなのです[32]」。

つまり、変数間の関係をモデルとして特定するにせよ、その関係は流動的であり、賃金などの変数と消費性向や資本の限界効率といった与件の区別も時に応じて変更しなければならないというのである。そのためにケインズは二〇世紀前半のイギリス経済を観察し、まずは制度や心理にかんしモデル化を行なった。彼が目指したのは、経済の工学的な分析ではなく、社会現象に対する内省的な理解であった。

### †人はなぜ貨幣を手放さないのか——流動性と市場の不確実性

根本的なのは、貨幣にかんする見方の変更である。ケインズの言う「古典派」は、貨幣を物々交換を容易にするための媒体とみなした。そうであれば、貨幣を持ち続けることはありえない。貨幣それ自体には効用の裏づけがなく、最終的に商品と交換し消費してこそ意味があるからだ。それゆえ新古典派は、生産された消費財や投資財は必ず貨幣で購入されてゆくものとみる。また「古典派」は、資産市場には今日の消費を断念して貯蓄する人に「時間選好プレミアム」としての金利を与えるという「異時点間の資源配分」機能がある点を重視する。資産市場には、「現在と未来をつなぐ」働きがあるというのである。そして貯蓄は、いつか消費に回される。

けれども「古典派」の仮定するように将来と現在の間で時間を合理的に選好しうるためには、将来に生起する事柄の内容や確率分布があらかじめ知られていなければならない。なるほど平時であれば、そうした状況を想定しうるだろう。ケインズは翌一九三七年に書いた論文「雇用の一般理論」で、こうした想定を鋭く批判している。

「私が使う『不確実な知識』という言葉の意味は、ヨーロッパに戦争が起こる見込みとか、二十年後の銅貨の価格や利子とか、ある発明が廃棄されてしまうこととか、一九七〇年における社会組織の中での個人的な富の所有者の地位とかが、『不確か』である、ということだ。これらの事柄に関しては、何らかの蓋然性を形成しうるという科学的な根拠は何もない。ただわれわれが知らないだけなのである」と。ナイト同様、確率分布が分かっているときの「リスク」とは異なる「不確実性」が、経済を覆っている、というのである。そのような根本的な意味での不確実性が支配的な状況で、市場経済はどのような様相を示すのか。ケインズが本書（とくに第一二章）で描こうとしたのは、そのことだ。

将来が何が起きるか分からないという不確実に覆われるとき、商品にせよ土地にせよ株式にせよ、売って貨幣化しようとしても思うだけの価格で販売できるとは限らない。そこでケインズは、それぞれの商品や資産には、貨幣との交換可能性の高さを表す「流動性 liquidity」の点で差異があるとした。(33)

人々が貨幣を保有したがるのは、それが何とでも交換されうるという「一般的受容性」を有すると信じられているからだ。貨幣は「誰にでも受容してもらえる」という信頼によって、貨幣たりえている。そして手持ちの商品や資産が売れにくいと考えられるとき、人は貨幣を手放したがらなくなる。もっとも流動性の高い資産が貨幣であるから、将来に不安があるとき、人は貨幣を保有しようとするのである。そしてすべての人が貨幣を持とうとするとき、「流動性の罠 liquidity trap」現象が生じる。

### †有効需要の原理

将来に対する不安は、財市場では総需要の低下としてとらえられる。ケインズは、無差別曲線や等量線の形状が個人心理だけから定まり、しかもそれは市場が均衡するまでは変動しないと仮定する新古典派とは対照的に、経済の体系を基礎づけているさまざまな心理的要因が社会的な動機で揺れ動くとみなした。消費関数においては、消費性向が半ば主観(社会心理や慣習、制度)によって定まり、また資本の限界効率は長期的期待にもとづいているが、期待形成は将来がどうなるのかについての一種の推論であり、その論証が完全になされるものでもない。

有効需要は将来収益をどう想像するかによって決まる消費性向や資本の限界効率により構成されるが、将来に対して楽観的であり「確信」が持てるときにしか所得は消費や投資に支出されない。消費性向や資本の限界効率は、将来への確信が揺らいで不安が蔓延すれば低迷してしまう。たとえば家計は貨幣賃金の低下を不況のシグナルと受け取り、消費を減らして貨幣保有を増やすし、マスコミが売れ行きの悪化を予測すれば企業の投資が鈍ったりする。人々は期待形成という形で、社会との間で一種のコミュニケーションを行なっているのだ。

ケインズは、総需要の減退によって需給に差が生じたとしても、ただちに価格が下がり均衡が回復されるということはないとする。その背景として、経済の重心が第一次産業から第二次産業に移行したということがある。農作物や鮮魚は日持ちがしないために値下げしてでも売り尽くさねばならないが、工業製品は在庫がきく。また、注文生産は紳士服などには制度として残ってはいるものの、フランスのボン・マルシェに始まるデパートでは見込み生産の製品がショーウィンドーを飾るようになっていた。そこで需給に差がある場合、価格でなく在庫によってその差を埋め、在庫水準を適正に保つよう見込みの生産量が調整される。

こうした現実を反映させるべく、ケインズは財市場については所得が需給を調整するという「数量調整」を採用した。需要が供給を下回るとき、自動的に価格が低下して需要が伸びるというセー法則は働かず、供給が減らされることになるという「有効需要の原理」である（第三章）。

### †なぜ投機が蔓延するのか——流動性選好

また将来に対する不安は、資産市場でも資産の売却と貨幣保有の増大を招く。すでにイギリスでは資産市場が組織化され、利子率は株式や債券、貨幣など資産ストックのやりとりのなかで決まる傾向が強まっていた。これはバーリとミーンズが実証してみせた「株式会社 joint-stock company」形態の普及に関連している。すでにJ・S・ミルやマーシャルも株式会社の浸透には頭を悩ませていたが、彼らが関心を抱いたのは所有と経営の分離のもとで合理的な経営がなされるか、という問題であった。

一方ケインズは、そのことよりも株式の大衆所有に注目した。そして資産を投機的に組み替える様子をモデル化したのが、「流動性選好説」である。なんらかの理由で資産価値が下がると思えば、人はそれを売却して貨幣を保有しようとする（流動性選好）。これは、投資に対する資金需要と貯蓄から生じる資金供給というフローの資金需給で金利が決まるという古典派の貸付資金説を棄却しようということでもある（第一三―一六章）。ケインズは、債券の利子が資金の需給というフローの市場でなく資産ストックの市場で決まっていることとともに、債券利子が貨幣の便利さを断念して債券を保有することへの報酬（流動性打歩《プレミアム》）を含んでいることを強調した。ここから、不確実性の高まりとともに資産市場が異時点間の資源配分をなしえなくなるという判断が導かれる。

株式投資は、設備投資が生み出す将来の配当と、購入した株の価格が上昇することによるキャピタル・ゲインという二つの収益を生むが、とくに後者に注目するのが投機である。当時の経済は、投機に支配されるようになっていたのである。株式投資は、企業行動そのものを注視するよりも、他の投資者が売るのか買うのかを予測する、すなわち「市場の心理を予測する活動」、ないし「他の投資者を出し抜くゲーム」の様相を帯びていた。

ケインズは投機を、もっとも美人と考える女性に投票するのではなく、美人であるとしてもっとも多くの投票を獲得すると予測される女性に投票する「美人コンテスト」になぞらえた。自分が誰を美人と考えるかではなく、他人が誰に投票するのかを予測するというのである。投機もまた、それぞれの企業がどのような収益を上げるかではなく、素人を含む群衆がどの企業を支持するのかを予測することで遂行されている。他人の選択にかかわる心理を予測するのである。

## †景気循環の真因は社会心理の「揺れ」にある

ケインズにとっての経済は、実物が交換されるネットワークだけから成り立っているのではない。不確実性のもとでは、商品は必ず売れるとは限らず、設備投資も資金を回収できるとは限らない。将来が楽観されるとき、消費と投資が伸び、人々は貨幣を手放して需要が拡大する。資産価格が上がると思えば、貨幣を証券に交換したりする。これは企業のもたらす将来収益を見込んでのことというよりも、他の株式投資家の判断を予測してのことで、「楽観」とは社会心理が上向きにあるということだ。それが行き過ぎると、財市場ではインフレ、資産市場ではバブルが生じる。

だが逆に将来への不安感が広がると、一般的受容性を持つ貨幣の保有がもっとも安全と思われ、人は消費や設備投資、資産投資には貨幣を使わなくなる。それによりデフレと金融危機が生じる。これもまた、貨幣だけはいつも受け取ってくれるという信頼があってのことである。つまり不確実性のもとでは楽観や不安という社会心理にもとづいて、貨幣保有が縮小と拡大の間を揺れ動き、それによって好況と不況が繰り返すのである。ここで景気循環の真因は実物的なものではなく、不確実性のもとでの社会心理の「揺れ」である。

**†ケインズは死んだ？**

今日、財政政策の景気安定化効果が薄れたことを指して「ケインズは死んだ」などと言われる。しかし本書をまじめに読み返せばそうした主張はほとんど見当たらず[34]、むしろ貨幣経済について現在問題になっている事柄についての洞察が散りばめられていることに気づくだろう。日本では一九九七年頃から数年間、貨幣保有指向が高まり、消費や投資といった有効需要が減退したが、こうした「流動性の罠」は新古典派ではありえないとされ、ケインズは本書でその発生を予言した。将来に対する「確信の状態」が悪化すると流動性選好が高まり、消費性向や資本の限界効率が下がると推測したのである。こうした状況では誰も貨幣所得を使わずに手元に置くから、消費や投資は凍りついてしまう。金融を緩和したところで、企業も手元の貨幣を使わない。

貨幣利子率を下げるための策としてS・ゲゼルが唱えたマイナスの利子付き「スタンプ紙幣」についても、ケインズは「政府紙幣から流動性打歩が取り去られるとしたなら、一連の代用手段——銀行貨幣、要求払いの債務、外国貨幣、宝石、貴金属一般など——が相次いでそれにとって代わるであろう」（第二三章）と批判している。紙幣の保有コストを上げたところで、人々は別の資産を貨幣とみなして代わりに保有するだけである[35]。不況時のリフレ政策すなわち「金融緩和によってインフレを人為的に起こし貨幣を使わせるべし」という対策は、インフレというマイナス利子を貨幣につけるという提案だが、しかし金融緩和したところで流動性の罠に陥ってしまうと人々がその貨幣を使わないのだから、そもそもインフレは起きないのである。

本書は、ワルラス以降の新古典派が工学化を推し進めていた経済学を、人間社会の学＝モラル・サイエンスの圏内に復帰させようとした記念碑的作品である。消費意欲や将来の儲け予想、漠然とした不安などさまざまな社会心理が揺れ動き、資産として貨幣をどれだけ保有するかにより現在の景気が良くも悪くもなる。ケインズは、そうした将来についての主観的なビジョン（期待）が社会的なコミュニケーションを通じて揺れ動き、現況を定めるドラマとして、経済を描いたのだった。

John Maynard Keynes, "*The General Theory of Employment, Interest and Money*", 1936

（『雇用・利子および貨幣の一般理論』塩野谷祐一訳、東洋経済新報社、一九九五）

## ポラニー『大転換』（一九四四）
### ――経済自由化は「悪魔の挽《ひ》き臼《うす》」だ！

ポラニー（一八八六―一九六四）ハンガリー生まれの経済学者。科学哲学者・マイケルは実弟。経済人類学の発展に多大な貢献を行う。

労働、土地、貨幣が本来商品でないことは明らかである。売買されるものはすべて販売のために生産されたのでなければならないという仮定は、これら三つについてはまったくあてはまらない。つまり、商品の経験的定義に従うなら、これらは商品ではないのである。労働は生活それ自体に伴う人間活動の別名にほかならず、その性質上、販売するために生産されるものではなく、まったく別の理由から産出されるものであり、……土地は自然の別名にほかならず、人間はそれを生産することはできない。最後に、現にある貨幣は購買力の象徴にほかならない。それは一般には、けっして生産されるものではなく、金融または政府財政のメカニズムを通して出てくるものである。

（第6章）

## †世界大恐慌はなぜ起こったのか——社会は自己防衛する

カール・ポラニーは一八八六年に生まれ、ハンガリーからウィーンへ、さらにイギリスへと二度にわたり亡命、さらにアメリカに移住した。この間、大恐慌とファシズム、二度の世界大戦を経験、市場経済の成り立ちについての思索をまとめて本書をニューヨークで出版した。

本書が試みたのは、一九二九年の大恐慌が引き起こした政策や制度の転換についての分析である。だがその答え方は、経済学の通例、すなわち大恐慌の原因を価格の硬直性や有効需要の不足に見出し、そこから考察するようなものではない。それらの多くは「経済」を独立で完結したシステムとみなし、そのなかで原因を追究している。それに対しポラニーは、国際的には金本位制、国内的には自由市場を併用する「市場経済」が、いまだ非市場的な要素を制度として多分に含み、それによって安定を得ているとみなす。その事態をポラニーは、「市場は社会に埋め込まれている（embedded）」と表現する。

ところが一九世紀には、市場経済は自由調整されるものだという信念が広まっていった。対照的にポラニーは、市場の作用には、市場から社会を防衛しようとする反作用がともなうと言う。市場における需要と供給の関係やそれにもとづく取引が経済以外の領域から隔離されておれば、市場だけを観察し分析すればよい。ところがたとえば労働が供給超過で失業が存在するときに賃金が下がれば、労働市場は均衡に向かうかもしれないが、賃下げ反対運動が政治化することもありうる。ポラニーはそうした作用と反作用を「二重の運動」と呼び、そのバランスが大きく崩れたために起きたのが大恐慌だったと解釈する。そして世界経済が混乱するとともにバランス・オブ・パワーまでもが崩れ、大戦が勃発した。

### †一九世紀システムが社会の実体を破壊した

ポラニーは、経済人類学者とされている。マリノフスキーが西太平洋のトロブリアンド島で発見したクラ交換に見られるように、近代以前には社会関係が物的な交換をも支配していた。古典古代には自給自足の「家政」が支配的であったが、それ以外にも「互恵」や首長による「再配分」などがあり、これらは典型的には意味の交換（コミュニケーション）を伴っていた。ところが近代が幕を開けると、商業主義が浸透し産業革命が勃発して逆転が起き、市場交換が社会関係を従属させるようになっていった。こうして経済が個人の欲望満足のための自動調節装置であるかに見えるようになったのが、「市場社会」である。

ポラニーによれば、市場社会が確立されたのは一八三四年頃で、リカードの経済自由化論が浸透するなか、スピーナムランド法や改正救貧法にかんする論争を経て競争的な労働市場が導入されたことによる。ポラニーはそれを「一九世紀システム」と呼び、四つのサブ・システムによって構成されるとする。「バランス・オブ・パワー」は「自由主義国家」間において戦争勃発を回避するとともに、国際的国内的な政治的安定をもたらし、「国際金本位制度」と貨幣制度と国内外の市場が「自己調整制度」をなし、これらは未曾有の物質的繁栄を実現した。

けれども一九世紀システムは、繁栄を演出する一方、「悪魔の挽き臼」でもあった。それは人間的・社会的な「実体」を破壊したのである。ポラニーの言う社会の実体は、近代以前は容易に観察されたが、市場が社会を個人や個人の所有する財産に分解する現代の「複雑な社会」において、見出しにくいものとなった。社会の実体は生産要素、すなわち労働と土地、貨幣などから成っているが、それらもまた競争的な市場で取引されるようになったのである。

けれども生産要素には、一般の商品とは決定的に異なる点がある。通常の商品は「販売を目的として生産される」が、生産要素に限っては、販売を目的として生み出されたのではない。労働は、「生活それ自体に伴う人間活動の別名」である。人は親の祝福を受けてこの世に生を受けるのであり、働くために生まれたのではない。また土地とは居住の場であり、風景であり、四季である。さらに貨幣も、とりわけ紙幣は商品として発行されているわけではない。

それら生産要素は商品であるかのように市場取引されているものの、元来が「擬制商品」であって、自由売買には根本的な無理を抱えている。売るために造られた商品を自由売買するためには、「売られない」領域が必要である。自由な選択をするはずの主体が、自分の誕生を選択しえないのと同じ理屈である。それゆえイギリスでは、一八三四年の直後から、労働を保護するために「社会の自己防衛」が開始された。工場法や社会立法、労働運動などである。さらに土地の売買や使用は土地立法と土地課税、複雑な都市計画や建築基準関連の法により規制を受け、ヨーロッパの美しい都市はそれによって全体の秩序を保っている。貨幣は中央銀行関連の法や政策により、発行を統御されてきた。

市場社会の危機は、商品市場にかんする規制の緩和を主張するような、たんなる経済的自由主義によってもたらされるのではない。生産要素は制度や慣行、法のもとで擬制的に商品となり、市場に結びつけられている。自由化が生産要素にかかわる制度や慣行・法の解体に及ぶとき、人と人、人と自然の結びつき、すなわち社会の「実体」が解体されるのである。労働については、契約の自由により市場化が進むと、血縁や隣人・同業者仲間など非契約的組織が解体される。土地は血縁や近隣などの人間関係の基盤でもあり、それが私物化されれば住居をとりまく風景も一変し、土地に対する人々の自尊心も喪われる。

†大転換――経済自由化による自由の喪失に抗して

経済自由化により一見すると権力の空白地帯で拡大するかに見える自由は、逆に喪われてしまうというのである。一九世紀的な信念が考えたような純粋な自由調整市場はユートピアでしかなく、制度こそが市場を支えている。選択の自由をもたらす個人の自律は選択されえない領域が確保されてこそ保障されるのであり、そうした領域が失われたとき、人々は不安に襲われてしまう。そこから、これ以上の制度の解体を許さぬよう、「二重運動」と呼ばれる社会の自己防衛、すなわち「大転換」が起きてくる。標題の「大転換」とは、経済自由化への反省から大恐慌後に生じた、ファシズム、ニューディール、社会主義など、市場を制御しようとする政策への転換を指す。本書が出版された戦後世界ではケインズ主義、ブレトンウッズ体制、金融規制など市場に対する制度の強化が進み、自由調整市場への信頼は容易には回復しなかった。

ポラニーは経済史の理解について、スミスを批判している。人が交換性向を持ち、局地的市場で余剰商品が交換され、それがつながって全国市場となり、最終的に遠隔地との貿易に及んだという見方は間違っている、というのである。これは大塚久雄らの近代化論でもあるが、そうした史観によって経済的自由主義を正当化しようとするのも「一九世紀の神話」にすぎず、現実には遠隔地取引や局地的市場が先行したもののそれらは競争的ではなく、全国市場にしても自生したのではなく国家主導で整備された、と述べている。

二〇世紀の終わりの十余年間、経済自由化の嵐が再び世界を席巻した。ＩＭＦは融資の条件として、「構造改革」を各国に求めた。それは端的に言って生産要素の流動化・市場化のことであった。ポラニーの意に反して、各国の経済には「再転換」が生じたのである。雇用は市場を通じて流動化させねばならず、土地は空中まで高層ビルで活用しなければならない。そのように雇用慣行や土地規制、金融制度の撤廃を求める新自由主義者たちの「構造改革」は、まさにポラニーが批判したところの「一九世紀の神話」であった。(36)

そうした「反ポラニー運動」の結果が、一世紀に一度の規模の金融危機である。ケインズ的な論理で言えば、生産要素から得られる所得水準の決定を完全に市場に委ねれば生涯にわたる貨幣所得の全体がどれほどなのか不確実になり、将来に備える貨幣保有が増え消費や投資が収縮してしまう。世界は、かつて見たそうした悪夢を再び目の当たりにしているのである。本書が現代に通じる古典であるというのは、こうした状況を理解する鍵を与えてくれるからである。

Karl Polanyi, "*The Great Transformation*", 1944
(『大転換』吉沢英成ほか訳、東洋経済新報社、一九七五)

# サムエルソン『経済分析の基礎』（一九四七）

## ——比較静学と集計量による経済分析

サムエルソン（一九一五—）アメリカの経済学者。シカゴ大学を卒業後、ハーバード大学院でシュンペーターに師事。MIT教授。新古典派総合の立場で通俗的なケインズ像を普及させる。

比較静学の方法は、パラメーターの指定された変化に関する均衡未知数の反応を解明することにある。……均衡方程式に関する完全な数量的情報が得られない以上、われわれが期待するのは、これらの均衡方程式の勾配、曲率等についての質的制約を定式化し、その結果われわれの体系の特定のパラメーターの変化に対する反応に関する明確な質的制約を導き出すことである。この書物の主要な目的は、経済問題の広範な領域にわたってこの方法が可能であることを指摘することである。（第2章）

## †新古典派総合

経済学が現在、大学などで講じられているミクロ・マクロという分析手法を整備するにあたり、ポール・サムエルソンが果たした役割は巨大である。経済学説史にサムエルソンが名を残すとすれば、サムエルソン＝バーグソンの社会的厚生関数や、国際経済学における要素価格均衡化についてのストルパー＝サムエルソンの定理などによってだろう。それ以外にも、無数とも言える論文を残している。けれども個別の命題を発見し証明したこと以上に大きいのは、我々が現在「主流派の経済学」として受け入れている思考法を『経済分析の基礎』なる論文集で磨き上げ、『経済学』という教科書によって普及・定着させたことだ。

サムエルソンは、その思索を数学を駆使して記述する研究書『経済分析の基礎』を一九四七年に出版、さらに史上もっとも多く売れたとされる教科書『経済学』の初版を翌四八年に上梓して、こちらは幾度も改訂新版を刊行し、八五年の一二版からはノードハウスが共著者として改訂にあたって、二〇〇四年に第一八版を出している。(37) 前者には数式が大胆に導入され、専門分野としての経済学に数学利用が不可欠という強迫観念を浸透させた。また後者にはグラフや図版が多数挿入され、新古典派の考え方を身近なものにした。

経済学者は通常、個別分野の特定命題にかんして論文を書いているが、経済学の基礎理論の全体像については教科書が扱っている。『経済学』は、主流派＝新古典派に共通とされ時々に変化するその「全体像」を、版を重ねるたびに描き出してきた。個別の命題は、市場についての理解を共有する人の間でデータや論理を用いて正しいか否かが論証されるが、その前提となる市場観はデータや論理によらず信じるか拒否するしかないものであり、そして「信じること」については、初学者に対する教科書が普及し定着していることが決定的である。そして中級以上に進めば、『経済分析の基礎』が数学の圧倒的な使用によって幻惑する。

サムエルソンが両書で行なったのは、新古典派経済学をミクロ経済学、ケインズの『一般理論』をマクロ経済学としてまとめ上げる作業だった。ミクロ理論は企業や消費者、労働者や資本家など個別経済主体の行動を最適化として斉一的に理解し、それらを集計した需要と供給は価格の調整作用により市場で均衡するとされる。またマクロ経済学は、最初に集計量として与えられた雇用量や一般物価、利子率や生産量、国民所得、消費・投資額などの変数間の関係を、消費関数や投資関数、生産関数、貨幣需要・供給関数などによって定式化し、それらを用いて財市場・資産市場・労働市場などを均衡状態として描き出す。両者に共通するのは、ミクロ・マクロの相違はあれ、市場を均衡においてとらえる視点である。財・資産や労働の各市場で均衡が生じるとして、それらを連立させて経済をとらえるのが一般均衡分析であるから、サムエルソンにとってのマクロ経済学は、ケインズの『一般理論』を集計量版の一般均衡分析として理解するものであった。ケインズの『一般理論』を均衡論の枠内で初めて定式化したのは、ヒックスの書評論文「ケインズ氏と『古典派』」（一九三七）であった。ヒックスは「有効需要の原理」を財市場で需要と供給を均衡させる利子率と所得の関係（$IS$曲線）、「流動性選好説」を資産市場を均衡させる利子率と所得の関係（$LM$曲線）と解釈した。

## †比較静学とはいかなる分析方法か

そしてミクロ・マクロの一般均衡において分析の方法として一貫して採用されたのが、「比較静学」であった。[38] サムエルソンは比較静学を、あらゆる経済分析で用いられるべき方法と主張する。比較静学とは、数式で表現された需要や供給の均衡点が、外生変数（パラメーター）の変化につれてどのように移動するのかを検討する分析方法である。外生変数が変化すれば、需要曲線や供給曲線がシフトし、均衡点は移動する。その移動の軌跡を追うことにより、経済状況や政策を量的に分析する方法なのである。たとえば公共投資や政府支出によって$IS$曲線が右上方向にシフトすれば、$LM$曲線との交点にあたる利子率と国民所得とが上昇する。財源を考慮すれば、さらに曲線はシフトし交点は移動する。こうして、経済政策の効果が量的に把握されることとなる。

本書は、二部構成になっている。第一部では、第2章で「均衡体系と比較静学」、第3章で「極大行動の理論」という方法論が概説され、そののちに第4章「費用および生産理論の包括的再検討」、第5章「消費者行動の純粋理論」、第6章「変換、結合商品および配給」から第8章「厚生経済学」というミクロ経済学が扱われる。第二部は第9章「均衡の安定――比較静学ならびに動学」、第10章「均衡の安定――線型および非線型体系」、第11章「動学理論の基本点」から成っている。ではケインズ理論はどう扱われるかというと、第9章に $Y=C(i, Y)+I$ $I=F(i, Y)$ $M=L(i, Y)$ というたった三本の方程式が示されるだけである（$C$は消費関数、$F$は資本の限界効率関数、$L$は流動性選好関数、$i$は利子率、$Y$は所得、$I$は投資で、式の表現は改めてある）。要するにここでは、ケインズが経済にかんし政治学や哲学から投機の実務にわたり熟考を重ねた成果が、連立方程式に刈り込まれているのだ。サムエルソンにとってケインズは、変数に集計量を用いた人でしかなかったのであろう。

だから「非自発的失業は何故発生するのか」というケインズが挑んだ難題も、中途半端な形でしか配慮されなかった。サムエルソンは当初、$IS=LM$分析がマクロ経済分析として非自発的失業を説明するものとみなしていた。そして財政・金融政策によって完全雇用が達成された後の好況状態では、政府は介入しなくとも価格メカニズムにより効率的な資源配分が達成される。こちらを分析するのがミクロ経済学である。このような「新古典派総合」では、非自発的失業は財政・金融政策が有効に実施されない状態で起きうるとされるだけであり、さかのぼって何故それが生じるのかは説明されなかった。しかしサムエルソンが前提したのが「均衡」理論である以上、非自発的失業が生じるというのは論理矛盾である。それゆえに、彼への批判はこの点に集中することとなる。

## †IS=LM分析の欠陥

$IS=LM$分析では、価格が一定で変化しないことが前提されている。不完全雇用の状態であっても賃金も価格も変化せず、完全雇用においてのみ変化するというのである。けれども一九七〇年代には、不況のままでインフレーションが生じるというスタグフレーションがアメリカ経済を襲った。そもそもサムエルソンにとってミクロとマクロの区別は、個別主体の選択を後で集計するのか、集計量の関係から出発するのかという視点の相違によるものでしかない。完全雇用か否かという経済状態とは関係がないから、この「総合」は「接ぎ木」にすぎなかった。そこでサムエルソンは『経済学』第一一版からは「新古典派総合」を追放、それとともに失業と物価を同時に考察するべく$IS=LM$図式に物価水準を変数として加え、労働市場における需給も考慮して、総需要＝総供給曲線を導出する。

けれどもこの図式において非自発的失業が生じるのは、賃金が硬直的で下がらず、労働市場が不均衡になるときでしかない。価格や賃金が収縮する場合、財市場で供給が過剰であれば物価（$P$）が下がるから実質的な貨幣供給（$M/P$）は増加し、金利は下がり投資が増えるから、財市場の需要は拡大して均衡に向かう。賃金も下がって労働の超過供給（失業）は解消される。とすればケインズは、価格や賃金が硬直的であるせいで非自発的失業が生じると唱えたことになる。

しかしこのケインズ解釈は、明らかに誤りである。新古典派を代表するピグーは、労働組合の抵抗により賃金が硬直的であることに非自発的失業の原因を求めた。そしてケインズは、一つにはそれを批判するために『一般理論』を書いたのだからだ。総需要＝総供給分析におけるケインズは、自分が批判した当の理論を主張した人ということになってしまう。だがこのようなおかしなケインズ解釈を帰結したのも、当然といえば当然であった。なぜなら、サムエルソンにとってケインズは、集計量をもとに一般均衡理論を組み立てた人でしかないからだ。「マクロ」であることの力点は集計量におかれるにすぎず、均衡論であれば、不均衡の理由は価格・賃金の下方硬直性に求めるしかない。ところがケインズの主眼は経済を集計量において見ることではなく、「均衡論」という分析手法そのものの批判に向けられていた。

近年のマクロ経済学の教科書では、$IS=LM$図式も放逐されて総需要＝総供給分析がマクロ経済学の中枢に据えられ、しかも消費性向についても、家計が時間を通じて所得を貯蓄と消費にいかに分けるかという選択にもとづいて決定されるものとみなされている。すべてを個人の最適化行動から説明しようとする、「マクロ経済学のミクロ的基礎づけ」である。ここでは、集計量を天下り的に導入することさえも批判にさらされている。『経済分析の基礎』の章立てに即していえば、マクロの連立方程式を第一部のミクロ経済学で基礎づけよ、ということだ。だがしかしこれでは、全体は部分の総和であるとする新古典派の方法論的個人主義に話を戻しただけである。消費性向の逓減を法則とみなさないところからマネタリズムを展開するフリードマンの影響もそこには見え隠れするが、消費性向にかんするケインズの本来の洞察は、家計が時間を通じて所得を貯蓄と消費に分けるという合理的な選択を否定し、社会慣行や大衆心理によるものとした点にあったはずである。彼にとっての「マクロ的なるもの」とは、消費性向や資本の限界効率に表明されるような、人々の将来に対する確信の状態という社会心理、すなわち主観的な〝全体〟だ。

ケインズが問題としたのは、不安が広がったときに貨幣需要が過剰に高まり消費や設備投資、資産投資が低迷するという事態であった。非日常的な社会心理が市場を危険な状態にさらすというのが貨幣経済の特質であり、それは根本的には将来において何が起きるか分からないという「不確実性」に起因する。けれどもサムエルソンが対象としたのは、起きうる事態の種類や確率（リスク）が判明しているような日常的な社会心理のもとでの市場の運行だった。対象とする範囲を明確に意識し、ケインズ解釈を謳《うた》わなかったならば、彼の提示したマクロ経済学は日常の分析道具としてはそれなりの有用性を持つものだったといえる。マクロであれミクロであれ与件と変数が整然と分離されるような一般均衡分析は社会心理が日常的な状況にある場合に当てはまるのであり、ケインズが想定した過度の悲観や楽観という非日常的な社会心理は、そうした想定からはずれている。

### †サムエルソンの「教科書」の罪

消費者行動について、人の頭の中にあり観察不能な効用からではなく、価格と数量という観察可能なものだけから導出することを試みた顕示選好（revealed preference）理論にも表れているように、観察可能な量から実用的な帰結を導くというのがサムエルソンが好んだ方法であった。彼は、量で表しがたい世界の陰影や個別と全体の関係について解釈したり表現したりすることは、あらかじめ拒否している。

サムエルソンが大学院生であった頃、アメリカでは実証分析や制度論が絶頂期を迎えていた。けれども彼の登場以降、経済学は数式で表現されるモデル分析へと急速に傾倒していく。それは数量表現の背後にある人々の生活や心情への配慮を経済学から放擲《ほうてき》する過程であり、経済思想史に名を残す人々の思考の大半を否定する作業であった。その証拠に、サムエルソン以降の「教科書」には、本書で取り上げたような経済思想家の多くは取り上げられなくなっていく。そうした忘却の作業において、イデオロギーとして機能したのがロビンズの形式性・価値中立性定義であり、実務担当をこなしたのがサムエルソンの教科書だった。

サムエルソンは、八〇年代以降はモデルが前提する人間行動の現実性にかんし、彼以上に関心の希薄なフリードマンやルーカスらに新古典派の主役を奪われることとなった。それも経済思想を量的に観察される場面に封じ込めようとした彼の立場からは、仕方ないことだったのかもしれない。

Paul A. Samuelson, "*Foundations of Economic Analysis*", 1947
〔『経済分析の基礎』〔増補版〕佐藤隆三訳、勁草書房、一九八六〕

## ケインズ『若き日の信条』（一九四九）
### ——不道徳は正当化できるか

ケインズのキングス・カレッジ時代の関心は数学、哲学にあり、倫理学者ムーアの影響を強く受ける。「ブルームズベリー・グループ」の若き芸術家・文学者と親交を持つ。インド省・大蔵省に勤務。

われわれは、文明というものが、ごく少数の人々の人格と意志によってうちたてられた、巧みに人をごまかし狡猾に保持された規則や因襲（rules and conventions）によってのみ存続されうる、薄いたよりにならない外皮であることに気づいていなかった。

（「若き日の信条」）

### †善の定義不可能性と自然主義的誤謬

歴史に名を残す経済学者には、経済学書以外に哲学や倫理学を論じる本を出版している例が多い。代表的なのは倫理学書『道徳感情論』を出版したスミスだが、ケインズの場合、ちょうどそれに相当するのが初期の大作『確率論』(一九二一)で、出版は遅れたが基本的なアイデアは二十歳代前半ですでに芽生えていたらしい。この本でケインズは、哲学の師G・E・ムーアが分析哲学の端緒を切り開いたとされる『プリンキピア・エティカ』(一九〇三)の批判を試みた。ケインズはムーアを心底から敬愛していた。しかしムーアの書には、一カ所どうしても納得のいかない箇所があった。その箇所を修正することで、ムーアが本来書くべき道徳哲学を完成させよう、とケインズは目論んだのだった。

「若き日の信条」は、『確率論』出版から一七年後にあたる一九三八年、ケンブリッジ大学のクラブで口頭で読み上げられた文書である。ケインズは一九一四年頃、同性愛や不遜な態度などを作家のD・H・ロレンスに嫌われ、「くたばってしまえ」と罵《ののし》られたことがあった。その件につき二四年ののちに回想したのである。

ケインズは、属していた芸術家集団「ブルームズベリー・グループ」や論敵を批判する口ぶりから、高慢さやエリート意識が指摘されることが多いが、ことは単純ではない。ケインズが生まれた一八八三年当時のイギリスでは、ピューリタニズムの再興とも評される福音主義の隆盛があり、威厳や礼節が強調されたが、児童労働や売春など社会の暗部も存在しており、二重規範や偽善が瀰漫《びまん》していた。二〇歳を迎える頃のケインズは偽善的な世俗倫理を拒否するようになり、若者特有の行き過ぎは、仲間である芸術家たちとの交友もあって極限にまで達していた。[39] そしてケインズは、不道徳であることの正当化とそれに代わる道徳哲学が、ムーアの倫理学から得られたと考えていた。

ムーアは『プリンキピア・エティカ』において、「善」について「善いは善いとしかいえず定義できない」とした。黄色を光の振動で表現したとしても、黄色が分かったことにはならない。「黄色い」というのは、直接の視覚によって識別される何ものかであるからだ。同様に、道徳にかかわる基本的概念である「善」も、他の事実に還元して定義することはできない（善の定義不可能性）。また「善」は内在的価値を有する何ものかであるが、それを感覚器官でとらえることのできる自然に還元するのも「（自然主義的）誤謬《ごびゅう》」である。「善い」は、「益がある」とか「好ましい」などの自然的記述語には還元できない、善を快楽という自然なもののうちに見出そうとする功利主義もまた自然主義的誤謬を犯している、というのである。

「社会にとって有益である」とか「誰かにとって好ましい」といったことは「善さ」とは同義ではないとするムーアのこの主張は、ケインズを驚かせ、感激させた。というのも「社会にとっての有益さ」を目指す政治家の偽善的行為や「誰かにとっての好ましさ」を示す経済的成功は、ともに「善」すなわち人生の究極の目的ではないことになるからだ。

こうしたムーアの指摘は、ヴィクトリア朝において紳士に課された義務に偽善を感じ取っていたケインズら青年たちの心をつかんだ。ケインズが功利主義に基礎をおくピグーの厚生経済学を一顧だにしなかったのは、否認の論拠をムーアから与えられたと思えたからだろう。

### †『確率論』の挑戦と失敗

だがケインズには、ムーアには不徹底があるとも感じられた。それが、未来の不可知性を論拠に道徳や一般的規則の遵守を説いた部分であった。善をなすための手段である特定の「行為」が正しいかどうかは直覚によってはとらえられないから、因果的に判断するしかない。行為の正しさは、原因と結果の関係によって論証できる。そしてムーアは、将来は不可知だという理由により、行為を常識的な道徳律や一般的規則に服させることを唱えた。これを批判し修正しようとしたのが、一九二一年にようやく刊行するに至った『確率論』であった。

ケインズは、将来に何が起きるか分からないからといって過去に通用した一般的規則を遵守せよというのは、将来には過去に起きたことだけが起きるという頻度説の確率観を前提しているからだと考えた。将来において新たな種類の事象が起きるなら、過去の体験は役に立たないであろう。そのとき重要なのは、過去をどんなものとして解釈し未来に生かすかであり、その解釈内容は「AならばB」という形式の推論をとる。こうケインズは考え、本来の蓋然性《がいぜんせい》とは命題から命題へ、前提から帰結へ至る推論にかかわる何ものかであるとみなした。蓋然性とは過去の経験が各命題に対して与えるものではなく、命題と命題の関係にかかわる「確からしさ」だというのである。

ここでケインズは、ムーアが善の定義で用いた直覚主義を、命題間の蓋然性にも適用する。命題間に存在する推論の蓋然性もまた、直接知覚され、それ以上は分解されないはずだ、というのである。蓋然性が未来についての過去の解釈であるならば、その推論は直覚できる。過去からの慣行を直覚もなく維持しようとするムーアの「行動に関する倫理」は、捨てねばならない。世間一般の道徳や規則を無視する不道徳の正当化は、こうして徹底されたのである。

これは過去の経験から新たな命題を導きうるかという問題で、ヒュームからミルに至るイギリス経験論が「帰納法」と呼んだものである。何羽か見かけた白鳥がすべて白かったという経験から、「すべての白鳥は白い」という命題を導くのが帰納法である。ケインズは『確率論』で、帰納法の根拠づけをめぐる果てしない論争に最終的な決着をつけたと自負していた（その付録は、いまなお帰納法にかんする最良の論文リストだとされる）。

その結果ケインズは、ムーアのごとく道徳にかんして世間の常識や慣行を守る必要はないと結論し、不道徳であることの正当性は直覚しうると信じたのだった。ところが一九二六年、彼らの弟子筋にあたる数学者のF・ラムジーが、『確率論』を批判する「真理と確率」を口頭発表する。ラムジーは急逝したが、ケインズは追悼文において、「私は彼（ラムジー）が正しいと考える」と述べるに至った。つまり『確率論』は、ケインズ自身によって瑕疵《かし》が認められた作品となってしまったのである。

### †不確実な世界の下での慣行的規則

一九三八年の「若き日の信条」に話を戻そう。ここでケインズは、「今から思うと、年月が流れて一九一四年に近づくにつれ、人間の心に関するわれわれの見方の浅薄さ、皮相さは、その誤謬とともに、次第に明らかになった」し、その不道徳ぶりをロレンスが宗教的な理由から嫌悪したのも「そのなかにほんの一かけらの真実が存在するかもしれない」、と反省している。『確率論』で哲学的に示した不道徳さの肯定を、ラムジーの批判やその受容、一九三六年の『一般理論』出版を経て、誤りだと思い至ったと吐露したのである。不道徳であった若き日の生き方を改め、世間で常識とされる道徳や規則に従うべきことを『一般理論』執筆当時は認めるようになっていた、ということだ。では、道徳にかんするそうした姿勢の転換は、なぜ起きたのだろうか。

ケインズの『確率論』に対しラムジーは、「確率は命題の間の客観的関係にかかわるのではなく、（ある意味で）確信の度合いにかかわる」と批判した。「黄色」が定義不能であるにもかかわらず客観性を帯びているのに対し、命題間の推論は同じようには扱えない。命題間の関係は、直覚ではなく「確信」されるのである。

こうラムジーは批判し、ケインズは承認することとなったのだが、それには別の理由もあったと思われる。ケインズは帰納法の前提が、社会や経済についてはあてはまらないと理解するようになっていたのである。多様な現象から一般化を行なう帰納法の推論は、事象の異同を厳密に識別する「アナロジー」と同様の認識作用であって、それは直覚されうるとケインズは考えていた。我々は、形も色も不揃いな果物を一括して「林檎」と呼んだりする。異同の識別は、物理的な理由から行なわれるのではなく、「アナロジー」にもとづいている。そうした認識が可能となるには、二つの条件が必要とされる。(40) 世界は時空を通じ単純な性質を持つ原子から成り、その有限個の組み合わせとして同定でき斉一的だとする「原子的斉一性」と、単純な性質の種類そのものの数が有限個であるという「有限の多様性」の二条件である。

しかし大戦間期の世界経済は、とても斉一であるとかさほど多様ではないとは言えないほど、混迷を深めていた。それほどまでに不確実な世界にあっては、帰納法は直観によっては正当化されず、異同の認識にもとづく推論の正しさは主観的な信念＝確信によってしか支持されない。そのときムーアが言うように、過去からの慣行的規則にも確信を強めるという価値があるだろう。

こうしたケインズの回心は、経済学を自然科学と異なるものとみなすという彼自身の思想上の転換にともなうものと思われる。定数と変数を区別できるという、経済学を自然科学に模したサムエルソンの比較静学の前提では、ある定数（与件）に変化が起きても他の定数は影響を受けない。しかし投機にかんする「美人投票」のたとえを見ても分かるように、ある人の意思決定は他人の思惑に依存し、互いを読みあうなかで影響しあっている。「美人」についての評価は主観的なものであるから、それが安定的に共有されるのは慣習としてであり、しかし流行により変動したりもする。慣習は、変化しながらも共有される限りで人々の主観を安定させる。定数と変数の区別も、主観的な確信にもとづくしかないのである。

ケインズは社会や経済を、慣行的な規則とそれを改革しようとする主観とのはざまで浮動するものとして描いた。こうした精神のドラマを読めば、「改革派」と「既成勢力」の対立といったどこかの国の紛糾が、稚拙なドタバタ劇にしかみえなくなる。新しきは、古きことからしか出てこない。しかし古きこととの保守は、新しきを排除するだけではなしとげられないのだ。遺言で死後に出版された「若き日の信条」は、人間関係の屈託を冷静に分析した稀有な回想記であり、彼の経済観における転換を示唆する貴重な記録でもあった。

John Meynard Keynes, "*My Early Beliefs*", 1949

（『貨幣改革論　若き日の信条』宮崎義一ほか訳、中央公論新社、二〇〇五）

## ハイエク『科学による反革命』（一九五二）
### ——主観的知識と自生的秩序

ハイエク（一八九九—一九九二）　オーストリア・ウィーン生まれ。ミーゼスとともにオーストリー学派の資本理論を展開。景気研究所の所長を務め『貨幣理論と景気循環論』『価格と生産』を出版。

経済活動は客観的用語ではなく人間の目的に関連した用語によってのみ定義されうることは言うまでもない。「商品」とか「経済財」あるいは「食料」とか「貨幣」はいずれも物理的用語ではなく、人びとが事物にかんして抱いている見解を示す用語によってのみ定義されうるのである。……実際、どんな特定の商品の歴史をとって見ても、人間の知識が変化するにつれて同じ物質的なものが、まったく異なった経済的カテゴリーを表示するということは明らかである。（第一部第三節）

†社会主義経済計算論争

フリードリヒ・アウグスト・フォン・ハイエクには大きな思想上の転換がある。初期からオーストリー学派第二世代の旗手として資本理論を展開していたが、一九四〇年前後で、新古典派に対する評価が一変しているのである。理由は明白で、社会主義経済計算論争での行き詰まりがきっかけである。この論争は「計画経済は論理的に不可能か否か」をめぐるもので、社会主義者とミーゼス・ハイエクら自由主義者との間で一九二〇年代から一〇年ほどをかけて争われた。

ハイエクは当初、中央計画当局はすべての情報を集めることができないのだから、需給を均衡させるような経済計画は不可能だ、と論じていた。また、新古典派を方法論的に基礎づける仕事をしたロビンズも『経済学の本質と意義』のなかでこの論争に触れ、「(執行委員会=中央計画当局の——引用者注) 決定は、消費者と生産者の価値判断を基礎としないで、執行委員会自体の価値判断を基礎としなければならぬこととなる。……価格体系の手びきがないために、生産の組織は、あたかも貨幣経済と関連をもたない家父長的土地〔経済〕の組織が、家父長の価値判断に依存せねばならぬのと同様に、最高首脳部の価値判断に依存せねばならぬ」と述べ、これはミーゼスが指摘したことだ、と強調している。

ともに社会主義経済とは、中央計画当局が価格メカニズムに頼ることなく生産者や消費者の各個人の技術や欲望にかんする個別の情報をかき集め、しかしそんなことは不可能に決まっているので、みずからの価値観に従って恣意的に需給を決める反近代的なしろものだ、と否定しているのである。とくにロビンズは、みずからのオーストリー的な市場理解が自由主義的であり、かつワルラス的でもあると、ごく素朴に受け止めている。

だがこうした自由主義者の批判を受けた社会主義者のO・ランゲが、痛烈な反論を行なった。彼は大略、こう述べる。「ワルラスのタトヌマンの調整過程において競り人は価格を上下動させるだけであって、具体的な費用や欲望にかんする情報は集める必要がなく、それぞれの経済主体が知っていればよい。中央計画当局は、競り人の役割を果たすものである」と言うのである。この反論は、少なくともハイエクにとっては深刻なものであった。というのも、そもそもワルラス自身が社会主義者であってランゲの反論は平仄《ひょうそく》が合っており、それを肯定するならばむしろ社会主義計画経済を可能とみなすことになってしまうからだ。

そこでハイエクは、ワルラス的市場モデルから離れて、別途、自由市場を描く経済モデルを提起することとなる。その考察はまず「経済学と知識」(一九三七)として著され、さらに「社会における知識の利用」(一九四五)、「競争の意味」(一九四六)などの諸論文に結実していった。(41)

ポイントは、均衡の存在を前提して市場をとらえようとする見方を無意味なものとみなすことにある。ワルラスの調整過程においては取引に進まないことを前提して需給を均衡させる価格と量とが模索され、均衡値が発見された後に取引されることになっている。それに対しハイエクは、現実の市場は自分が「何を作るべきか」「いかに作るべきか」を知っている人々が集まって均衡値を発見し、その後に取引を行なう場ではない、と言う。そのように考えてしまうと、人々は事前にいかに行動すべきかを知っており、結果的にもそうした知識は実現していることになる。そうした「純粋な均衡分析」は「同義反復」であり、社会の説明には使えない(42)。

現実の市場では、逆に取引を行なううちに人々は試行錯誤しながら「何を作るべきか」「いかに作るべきか」を発見してゆく。そうした試行錯誤と発見の過程こそが市場だと言うのである。これは、『自由の条件』から『法と立法と自由』までの社会主義批判・法論において一貫して彼の主張の核心となる立場である。ハイエクはこうした市場観をもとにオーストリー学派的な「主観主義」を再検討し、それと対立する意味での「客観主義」こそが社会主義の根本思想なのだと確信するようになる。その成果を集大成したのが本書であった。

## †商品の分類は「主観的」なものである

ハイエクの市場論には、いくつかの論点がある。第一は、「物理的に同定しうる特定の財にかんする需給」をもって市場の秩序とはみなさない、ということである。ここには、商品の異同は客観的にではなく、主観（冒頭の引用文で言えば、「人びとが事物にかんして抱いている見解」）的にしか分類されないというメンガー以来の「主観主義」がかかわっている。これはF・ソシュールの言語学が「恣意性」というキータームで述べたことと、およそ同義であろう。

そもそも商品の分類は、市場経済においては生物学の分類などとは無関係に、まさに「恣意的」に行なわれている。築地の鮮魚市場などでは、生物学的にはまったく無関係な魚が、「タイ」という名称で関連づけられている。これはそうした分類が有益であると誰かが提案し、それが模倣されて定着したからで、われわれは現実にそうした習慣によって商品を区別している。

「リンゴの市場」を「みかんの市場」と区別し、代替材や補完財の機能を探るといった新古典派経済学の教科書にある記述は、財にかんしてあらかじめ客観的な分類がなされていることを前提しているが、これはハイエクに言わせれば「科学主義の誤謬」である。市場における「リンゴ」は生物学的に分類された独立の単位ではないし、それを「果物」という括りで「みかん」と代替材にするのも、デザートという食事文化のもとでのことにすぎない。市場取引される財の分類の枠組みは、客観的に共有されたり学者が与えたりしうるものではなく、当事者間に慣行として生成する意味的・実用的なものなのだ。

### †知識の分割と発見のための競争

第二は、市場経済が扱う「知識」とは、生物学が時空を超えて普遍的・客観的に分類するものでないのみならず、さらに「特定の時と所にかんする具体性」を持っているということ。キンメダイだのエボダイだの、生物学的には鯛に分類されないような魚は、慣行として「タイ」の分類名が与えられるだけでなく、さらに具体的な一匹が「旬」にあたっているとか、一部港では豊漁であり他では時化《しけ》ていて不漁だとかいう特定の時と所の事情を知る人たちの間で値づけがなされ、取引されているのである。各人が持つ具体的知識は、断片的であり異なっている。ハイエクはそれを、「知識の分割」と呼ぶ。

　第三に、無数の経済主体が自分だけが知っている知識をもとに様々な冒険的な企画に乗り出すとして、それらのうちでどれが社会的に支持されるのか、利潤によって表示するのが市場だということである。新しい試みのうちどれが望ましいのかは、事前には誰にも分からない。しかし市場はひとつの評価を下し、提供者に正負の利潤を与える。そしてある人が利潤を得ていることが分かれば、他の人々はその人の試みを模倣する。そうした模倣のプロセスを経て、当初はひとりの頭の中に宿ったにすぎない革新的なアイデアが世に広まっていく。

「イチゴ」と「大福」はかつては無関係の財であったが、「イチゴ大福」がヒットしてからは補完材となった。かくして分類の慣行にズレが起き、新たな慣行が普及していくのである。市場はそうしたコミュニケーションの場であり、利潤をシグナルとしてそのプロセスを駆動させる。需給の量的な一致を調整するよりも、「どのような知識が社会で評価されるのか」を発見する装置として、市場は重要な役割を果たしているというのである。

「発見のための競争」によって普及させられる「知識」は、「冒険」が実験的に生み出したものである。それがなぜ有用なのかは合理的には説明できないが、社会で有用と認められていることは市場の評価によって認知されている。ここでは、「少数者の意見が多数者を説得していく」過程が市場の働きとして重視されている。市場経済の自由を支持するハイエクは民主主義に疑問を投げかけているが、それは民主主義が「多数者の意見に少数者を従わせる」多数決を基本原理としているからである。けれどもハイエクによれば、世の中の変化はむしろ少数者が編み出したアイデアが普及する過程で現れる。それを主導するのが市場なのである。相対価格こそが重要とされるのは、たんに需給調整する媒体としてよりも、知識の優劣を具体的に指示するからである。

## †自生的秩序

そして第四が、市場にかんする法や道徳といったルールは共有されるが具体的な知識については断片的にしか保有されないとき、価格や利潤といったシグナルの導きで「複雑な秩序」が自生的（spontaneous）に生起するということ。それは一般均衡理論が想定するような、すべての知識が共有されているときのすべての市場における均衡といった、「単純な秩序」ではない。

ワルラス的には何が「リンゴ」であるかは物理的に同定され理解が共有されているが、ハイエクは恣意的に行なわれる分類とともに「特定の時と所」でも異同が決まるとしているので、具体的な意味を共有しなければ適正な価格とは判断できない。どこの地域のキンメダイがいつ旬であるのか、目前の一匹の鮮度が良いのかは、仲買人や料理人並の食の専門家でなければ知りえないだろう。そうした具体的な知識や判断がごく一部の人の間であれ体得され、新たな事態や解釈が日々生じて価格は変化し、そうした価格の変化がさらに全体を秩序づけてゆく。

市場社会における「自生的秩序」ということの発想は、「複雑系」や「自己組織系」、ないしはN・ルーマンが社会科学に応用した「オートポイエシス」にもつながる先駆的業績だが、ハイエクの場合は別途、心理学書『感覚秩序』(一九五二)において心と身体に共有される感覚的な秩序づけが存在するという考え方を提示しており、それに対応するものだと推測される。

### †ハイエクの市場観

総括して言えば、ハイエクが一九四〇年代以降の市場論において示そうとしたことは、環境の変化に即して一部の人が知識の再編成を提起し、それを市場が取捨選択し、人々も商品についての「主観的」な分類を編成し直す、そうした過程が市場だということである。何が重要な商品であって何がそうでないか、何を鯛と呼んで何をそう呼ばないかは、市場過程のなかで事後にしか指示されない。

これらの諸論文については、いまだに新古典派のミクロ経済学と背反しないとみなす解釈が横行しているが、それはまったくの無理解にもとづいている。ハイエクの言う「知識の分割」は、「情報の経済学」が想定するような、客観的な知識の全体なるものがあってその部分を個人が保有しているということを意味しない。個々人が断片的かつ主観的な知識を持っており、事前には何が商品であるかすら知らず、取引の結果として、何が他とどのような関係の商品であるのか判明するのである。こう考えれば、ハイエクとフリードマンの違いは歴然としている。

本書の第一部は、彼の新たな市場観を支える科学方法論を扱っている。第二部ではサン＝シモンとコントが社会主義に及ぼした影響の大きさを検討し、第三部ではコントとヘーゲルの関係を論じている。あまり引用される本ではないが、とりわけ第一部は彼の市場観が新古典派のそれからの決別を図っていることを科学方法論の形で示した点で、きわめて重要である。

Friedrich August von Hayek, "*The Counter-Revolution of Science : Studies on the Abuse of Reason*", 1952
（『科学による反革命』佐藤茂行訳、木鐸社、一九七九）

# ガルブレイス『ゆたかな社会』(一九五八)
## ——大量生産・大量消費社会の到来

ガルブレイス(一九〇八—二〇〇六) カナダ生まれ。ハーバード大学教授。ケネディの命を受け、インド大使として開発に従事。著書には人気があり、多くの作品を残した。『不確実性の時代』等。

欲望を満足させるための生産によって欲望が作り出されるのであれば、あるいはまた欲望が生産と併行して現われるのであれば、生産の重要性を弁護するために欲望の重要性をもち出すことはできなくなる。生産は生産自体が作り出した空間をうめるにすぎないからだ。(第十一章)

### †「貧しさ」から「豊かさ」へ

本書が登場した一九五八年は、ちょうどアメリカでジャズ・フェスティバルのはしりとされるニューポート・ジャズ祭が開かれた年である。その様子は、映画『真夏の夜のジャズ』に記録されている。真夏の海辺、照りつける太陽のもと、波と戯れながらヨットで音楽に聞き入る白人の聴衆たち。かつて黒人たちの苦悩と自由の表現であったジャズは、透明感あるクールな軽音楽として消費されている。この頃、アメリカの市場経済が生み出すものは、「貧しさ」から「豊かさ」へと転換していた。

リカードは分配論を中心に、経済の全体像とその成り行きを描いた。資本家が資本蓄積を進めても、その成果としての利潤は地代として吸い上げられ、地主を満たすだけで逓減し、労働者は生死ぎりぎりの生活を強いられる。カーライルはそれを「陰鬱な科学」と評したが、リカードはこうした陰鬱な状況を改善する案として貿易の一層の自由化を唱えた。しかしそれは、一時的な気休めにすぎなかった。

こうした「通念」を痛烈に批判したのが、ケインズであった。彼は古典派のリカードも新古典派もともに、生産したものはすべて需要され消費されるよう市場が自動調整すると前提していると言い、供給がすべて需要され尽くさない貨幣経済の特質を考察した。ジョン・ケネス・ガルブレイスもまた、リカードの陰鬱さは農業と工業が混在する初期資本主義の段階に現れるにすぎず、「ゆたかな社会」を現出するに至った現代アメリカでは、「通念」とはまったく別の経済社会像を描かねばならないとする。

## †大企業支配体制に抗して

「貧しい社会」を描いた「通念」は、経済を均衡の相においてとらえる。供給は市場価格によって需要と均衡しており、消費者に欲求されない水準まで過剰に生産されることはない。公的なサービスや投資は民間の経済活動から吸い上げた租税により提供されるが、それは選挙によって適正な水準が決定されている。民間経済における需給や民間と公共サービスの関係は、いずれもバランスがとれているはずである——。これに対し「ゆたかな社会」に到達したアメリカ経済を観察するガルブレイスは、独立した小企業が競争状態にあるという（新）古典派的な市場から、大企業中心の寡占状態へと資本主義経済が移行したとして、大企業体制がこのバランスを破壊した様相を描き出す。

第一に、大企業は価格を支配し、大量生産を行なって、利潤率の低下を克服した。この大企業支配体制においては、高度な技術が用いられるため教育が必須となり、企業は組織として巨大になり権力を政府にまで及ぼす。また意思決定は個人によってではなく集団で行なわれ、その「テクノストラクチュア」については『新しい産業国家』（一九六七）が包括的に分析する。価格は市場のみでは決まらず、金融政策だけで政府がインフレを抑えることは難しくなるという。

第二に、過剰な供給に見合うだけの過剰な欲望が、生産側によって喚起されている。（新）古典派の世界では、欲望は市場の外部で形成され、与件として生産過程とは独立であり、消費者はそれにもとづき消費するとされてきた。ケインズは供給側が生産しただけの需要を見込むことができない可能性があり、生産調整を強いられる状況が存在しうることを示唆したが、個々の企業は「依存効果」(dependence effect)により生産に見合った需要をみずから生み出そうとするであろう。企業は広告や宣伝によって消費者の欲望を創出する、というのである。そのように消費（浪費）が生産側によって作られたものであるならば、消費の裏づけがあるからといって、高い生産性はそのままで正当化できるものではなくなる。

第三に、現代のアメリカでは、大企業体制が租税を低めに抑えるよう権力に働きかけ、私的財ばかりが生産されて、対照的に教育や公園、環境から所得保障などに至る公共部門は、貧弱になっている。「社会的バランス」が失われているのである。貧困も、物的生産性の高まった「ゆたかな社会」で撲滅できているはずなのに、現になくなってはいない。「現代のアメリカにおいて、貧困は困難な問題ではなく恥辱である」。

こうした大企業支配体制に対抗するために、本書は財政政策を通じた福祉国家化を提言する。社会的バランスの回復は私的部門の生産性を安定させるのに資するはずであるから、租税を通じて公共サービスの拡充を図らねばならない。また所得保障は人々を堕落させるという批判があるが、むしろありあまる物財の生産が人々の幸せをさほど高めてはいないことの方が問題であろう。最低限の所得を保障することは不幸を大幅に削減するのであるから、生産過程とは切り離して失業保険等の社会保障を拡充すべきである、と。

## †大量生産・大量消費時代の消費社会論——「依存効果」とは何か

本書は「依存効果」の存在を指摘したことにより、消費社会論の古典という定評を得ている。しかし社会学の分野では、これがリカード的な貧困と自由主義的な市場経済論への批判の書であることは、さほど知られていない。一方、経済学の分野では、依存効果は無視され、ガルブレイスは寡占と福祉を主張した社会評論家と評されている。依存効果は需給不一致が一般的になるケインズ的な市場でこそ機能するものであるから、消費を社会現象としてとらえる消費社会論においてのみならず、リカードと新古典派を批判する現代経済分析として、今一度読み返される必要がある。

ヴェブレンは一九世紀末アメリカの「金ぴか時代」を「衒示的（見せびらかしのための）消費」の展開、すなわち有閑階級の見栄の張り合いという視点で分析した。有閑階級の人々は、高価な贈り物をしたり豪華な宴会を催すことにより、見栄を競い合うのだという。

それに対しガルブレイスは、二〇世紀も半ばを過ぎ、地主や株主といった有閑階級に代わって知識人や学者、技術者の集団（テクノクラチュア）という「新しい階級」が社会を支配するようになったと見る。市場調査により消費者心理を分析し商品化・販売戦略に生かす広告代理店のマーケティング・リサーチャーは、依存効果によって消費者を操作する民間のテクノクラートである。

ただし、「依存効果」は有名な概念であるわりには本書でもその構造は解き明かされておらず、宣伝・広告が果たす機能といった程度の理解に止まっている。依存効果については、一方的に消費者を操作できるかのような響きに問題がある。効果は広告主体間の競合で影響力が弱まるだけでなく、逆に宣伝・広告が消費者の選択対象となっていることもある。企業と消費者は、操作・被操作の関係というよりも、文字通り相互に「依存」しあっているのである。

ただし消費者側からの選択が有効になるのは、商品の種類が比較的に多く、そのすべてを消費者が必要としていない、つまり「多品種少量生産」の場合であろう。とするならば、依存効果の概念で企業が消費者の欲望を操作しうるというときにガルブレイスが念頭においたのは、「少品種大量生産」だったということができる。本書が分析するのは、大量生産・大量消費の時代、中流階層が分厚かった時代だったのであろう。

ケインズの『一般理論』は、供給については産業構造が第二次産業に移ることによって在庫が可能になり、需要については消費が比較的安定し、それに比べて投資は見込み次第で不安定になるという時代状況を描き出した。しかしそうした想定は、ケインズ自身も認めたであろうように、大企業の生産様式と中産階層の消費様式が対峙する特定の時代に妥当するものであった。

大量生産・大量消費の経済様式にかんしては、フォーディズム（フォード社の生産様式）についてグラムシが述べたように、生産性が上昇するとそれにより一方では費用が逓減し大量生産が可能になり、しかし他方で賃金を下げるのではなく引き上げることによって労働者自身が中間層の消費者となって、大量消費するのだといえる。消費社会の経済的な仕組みにかんしては、もともとはそれを示唆していたケインズよりも、ガルブレイスやレギュラシオン学派(43)が的確に把握している。

## †「小さな政府」は不可能である

新自由主義の立場からすれば、官僚は私利のため国民に無駄を強いている。一方、ガルブレイスが構想する福祉国家は、大企業のテクノストラクチュアに抗して必需品を国家が提供するという点に主眼がある。この点で、ガルブレイスは正しかった。だが、大量生産・大量消費から多品種少量の生産と消費へと時代が移ったとき、何が必需品であるのかは、官僚が決めるわけにはいかない。官僚が民間の不足分について調査・分析しなければならず、その適否は商品の意味体系という「場」で評価されるだろう。そうした発想は、「潜在能力」に注目したA・センに受け継がれている。

競争を活発化させるためには、官僚による行政指導は廃するにせよ、証券取引法や独占禁止法などハイエクの言う「法の支配」が必要であり、それを公的サービスによって監督遂行するならば、ある程度までは「大きな政府」にならざるをえなくなる。自由な市場社会は、「小さな政府」では達成できないのだ。必要な政府の大きさを割り込めば、行き過ぎた規制緩和が引き起こした金融危機のせいで一〇〇兆円に達するとも言われる公的資金注入を米政府が断行せざるをえなくなったように、結果的にはむしろ大きな政府になってしまう。「小さな政府」を追求することは不可能なのであり、「最適な政府」がありうるだけなのだ。さらに最低所得の保障や必需品の提供までを政府が行なうとして、それがどのような規模のものであるのか、ガルブレイスは明らかにしなかった。ロールズ以降の正義論は、正義の基準を示すことを通じ、公的部門に求められるものをより厳密に論じてゆく。

John Kenneth Galbraith, "*The Affluent Society*", 1958
(『ゆたかな社会』〔決定版〕鈴木哲太郎訳、岩波現代文庫、二〇〇六)

# ハイエク『自由の条件』（一九六〇）
## ――「自由の条件」としての「法の支配」

ハイエクは市場制度擁護の論陣を張り、計画経済・ケインズ主義・福祉主義を批判する。第二次世界大戦後に渡米、シカゴ大学で『自由の条件』を出版。法思想家・心理学者の顔も持つ。後に帰欧。

法の支配は政府がすでに知られている規則の実施を除いては、決して個人を強制してはならないということを意味しているのであるから、法の支配とは立法府の権力をも含めてあらゆる政府の権力の限界を設定しているということである。（Ⅱ第一四章）

### †ハイエク読みのハイエク知らず

ハイエクは前半生では経済学者としてオーストリー学派を率いたが、計画経済批判に携わった後は、法学・政治思想・心理学や認識論なども駆使しつつ包括的に社会主義批判を行ない、本書『自由の条件』出版以降は自由主義を唱道する指導的社会思想家と評されるようになる。後の大著『法と立法と自由』（一九七三―七九）を主著とみなす人も多いが、ハイエク自身は本書を補完するものと語っている。

ベストセラー『隷従への道』（一九四四）の社会主義批判で世間に知られたこともあり、彼は現在のグローバリゼーションや構造改革、すなわち資本主義の徹底と「小さな政府」を歓迎する新自由主義者の代表とみなされることが多い。だがハイエクが存命であるならば、「構造改革」についても社会主義に対したのと同等の激しさをもって論難したに違いない。

彼は誤解されるようには、市場原理主義者ではない。彼の言う自由な市場は、あくまで「法の支配」のもとにおかれるものであり、その法は国ごとに裁判の歴史の積み重ねのなかから蓄積されてきたものである。グローバルに均質な経済運営の規則を市場に課し、それに合わせて各国の法を改革してしまうなど、ハイエクにとっては唾棄《だき》すべきことであり、全体主義に通底する暴挙であるだろう。それを思えば『自由の条件』は、構造改革へのもっとも透徹した批判の書でもある。ハイエク学者が構造改革に反対したとは耳にしないが、「ハイエク読みのハイエク知らず」と言うべきではないか。

ハイエクは、近代に入り市場社会が勃興することで、人々がそれまでの対面しうる規模のコミュニティから脱し、より巨大化した社会を秩序をもって営むようになったと言う。

それは市場において人々が、試行錯誤のうちに「何を作るべきか」、「いかに作るべきか」を発見することができるからである。したがって巨大化した社会に複雑な秩序を生成させるためには市場原理を保持しなければならず、それには人々が試行錯誤しつつ知識を発見する自由が法によって保障されねばならない。

## †自由な社会の構成要素

本書の冒頭でハイエクは、自由とは「強制がない状態」だと定義する。人が全知全能であるなら、そのような自由を保障する必要はない。だが、そんな人は存在しない。人々は無知なのであり、無知を補うべく市場を介して他人が持つ知識を利用するために、互いに自由でなければならない。そこでそうした自由を保障する自由主義が必要とされ、それを抑圧する全体主義が批判されるのである。

ハイエクは全体主義的経済秩序を「エコノミー」、巨大な近代社会における自生的な経済秩序を「カタラクシー」と名づける（『法と立法と自由』I）。後者の「カタラクシー」は、主観主義や「知識の分割」、「発見のための競争」といった概念で特徴づけられ、前者の「エコノミー」は客観主義にもとづいている。

行動のルールとは、慣習や道徳、法などである。市場において人々はそうした諸ルールのもとで試行錯誤しつつ適応を図り、それに応じて市場には秩序が自生する。そうした市場の自生的秩序の生成がさらに社会や文化に影響を及ぼし、新たな行動ルールが形成され、ルールは人と市場を秩序づける。そうした部分と全体、経済と社会・文化の循環的な調整過程を、本書でハイエクは「自由文明の創造力」と呼んでいる。ハイエクにとって「進化」は、「自由」の必然的な要請である。というのも、調整過程の結果何が生じるかは事前には不明であるから、何かが起きることをあらかじめ禁じない自由が求められ、未知の結果へ進化することが期待されるからである。(44)

たとえば企業が個人の契約によって成り立ち株主が意思決定の主導権を握るというのは、特定の時と場所において市場がルールとしてそれを受け入れ、社会や文化によって容認されたからである。高度成長期から八〇年代一杯の日本のように、株が相互持ち合いされ株主が発言権を持たず、経営陣と労働者が集団で企業組織を構成したのも、そうした慣行などのルールが有利と市場に示唆されたからであり、その結果として安定的な成長を実現した。「会社は誰のものか」という問いに対しては、学問が絶対的な答えを出せるのではなく、市場と文化・社会が特定の時と場所について回答を示すものであろう。

マルクスもまた、生産関係というルールが「生産力と生産関係の矛盾」によって進化すると考えた点では共通性があるが、マルクスにおけるアジア的生産様式から近代ブルジョア的生産様式、そして社会主義へと至るルールの進化は断続的であり革命によるものであるのに対し、ハイエクのそれは裁判における判決の蓄積のように漸進的である点で異なっている。

本書『自由の条件』と続く『法と立法と自由』で、ハイエクはさらに様々な概念を二項対立させている。テシス（実定法秩序）／ノモス（自生的法秩序）、タクシス（作られた秩序）／コスモス（自生した秩序）、原理／便宜、理性／進化、偽の個人主義／真の個人主義などである。これらはいずれも前者が全体主義を特徴づけ、後者がハイエクの理想とする自由な社会を構成している。そしてこれら後者の系列のさらに核となる思想として、「法の支配」が挙げられる（対比されるのが「人の支配」）。本書は「法の支配」の理論的意義、思想史上の由来、そして現実への応用を論じている。

### †「法の支配」とは何か

法の支配が貫徹する「法治国家」の特質として、ハイエクは三点を挙げている。第一は政府の権力に限界を画すること。国家の全体主義化を防ぐには立法者に制約を課すことが求められるが、制約は法が与えるのである。

第二は、法が知られており確実であること。ここで「知られている」というのは、裁判の結果におよそ予想がつくということで、それでこそ処罰が違法行為に対する防止策となる。ただしそれは、すべての文言があらかじめ記されているということではない。将来において未知の出来事が起きる可能性は、つねに存在している。それにもかかわらず既存の法体系から裁判官が判決を発見していき、それが予想外ではないことが正当な法には求められるのである。それゆえ法は、過去の判例と整合的であることを通じて、将来に生起しうる事件の種類を一定の範囲に収めるのである。ハイエクは、無数の裁判において下された判決の集積によって形づくられる慣習法や不文憲法、英米系のコモン・ローを理想としている。

第三は、法のもとでは平等であること。ここからは、ハリントンやロック、モンテスキューにならい、権力の分立という概念が導かれる。全体主義とは、法にかんしていえば、特定の主体が恣意的に法を定め、それを特定の場合に適用することである。ハイエクは、これを防ぐために立法と行政を分離しなければならないという。法が平等に適用されるとは、特定の場合を想定して法がつくられてはならないということでもある。

### †何が自由の敵なのか

ハイエクは社会思想の歴史についても、対立する二つの流れを描いている。一七世紀イギリスで生まれた経験主義の系譜と、大陸型の合理主義から社会主義へと至る系譜とである。前者のスミスやヒューム、Ａ・ファーガソンらは「市民社会がある賢明な最初の立法者あるいは『社会契約』によってつくられたという（大陸型の——引用者注）考え方を、終始一貫して攻撃している」。そして「『経済人』のような有名な虚構でさえ、本来イギリスの進化論的な伝統に属するものではなかった」（ともに第四章）。新古典派の制度論では、制度は経済人が合意で設計するものとみなされるが、ハイエクはこうした後者の思考法を自由の敵として批判している。

「自由な社会の成功はつねにほとんどの場合、伝統に制約された社会であるというのがおそらく本当であろう」（同）という一節からは、自生的な制度である慣習法や裁判によって、政府の権力とともに個人の自由にも制約を課そうという意図が見て取れる。こう述べる以上、制度や慣行、規制などの「構造」を市場における個人の自由に対する介入ととらえ、その撤廃を訴える「構造改革」にハイエクが反対するのは自明であろう。彼の主張からすれば、「構造」こそが進化の過程を経て生き延びてきた有益なルールであり、漸進的な修正はなされるべきであるにせよ、国家が音頭をとって廃止するのは「反革命」なのである。(45)

## †共和主義と市場経済の両立

　このようなハイエクの思想は、どう位置づけられるべきだろうか。J・ポーコックの『マキァヴェリアン・モーメント』（一九七五）に、立法と行政を分離し行政に気ままに権力を奮わせない立場としての「法の支配」を共和主義と呼び、それが一六世紀以降の西欧で、ギリシアに由来し民主主義を牽制《けんせい》する政治思想として再評価されていたことを明らかにしている。たとえばピューリタン革命に際しハリントンは『オシアナ共和国』（一六五六）で共和主義の現代化を試み、カントは『永遠平和のために』（一七九五）で、民主主義は不同意の少数者を無視し、立法者が思うままに執行できる専制をもたらすとして、君主制や貴族制に親和性を持つ共和主義を推奨した。

　こうした流れを受け経済思想の分野では、ヒュームやスミスが市民に徳（civic virtue）を求める共和主義と、隆盛を誇りつつあった商業主義とを融和させる工夫を行なった。法の支配と権力の分立を説き民主主義に対する批判をも意図する本書は、共和主義と市場経済の両立を図った彼らに連なる試みだと言える(46)。

　本書には、「努力と所得は比例するものではない」、「相続には社会的な意義がある」、「年金を所得再分配の手段にするな」、「労働組合は加入を自由意思に任せよ」、「累進税は冒険者を差別する」等、一転してより具体的な考察も行なわれている。近代以降の思想史を受け継ぎながらも現実の問題にも一定の解答を試みている本書は、今なお十分に挑発的な「現役の」経済思想書である。

Friedrich August von Hayek, "*The Constitution of Liberty*", 1960
(『自由の条件』〔新版〕Ⅰ・Ⅱ・Ⅲ、気賀健三・古賀勝次郎訳、春秋社、二〇〇七)

# フリードマン『資本主義と自由』（一九六二）
## ——新自由主義の聖典

フリードマン（一九一二—二〇〇六）アメリカの経済学者。シカゴ学派を率い、新自由主義・マネタリズムを世界に普及させる。

法人企業の役員が株主のためにできるかぎりの利益をあげるということ以外の社会的責任を引き受けることほど、われわれの自由社会の基盤そのものを徹底的に掘り崩すおそれのある風潮はほとんどない。……もし経営者が株主のために最大の利潤をあげるということ以外の社会的責任を実際にもつとした場合、彼らはそれが何であるかをどうやって知るのであろうか。……そのような寄付は、われわれの社会における究極の財産所有者である個人によってなされるべきである。（第八章）

### †「政府活動の制限」と「政府権力の分散」

一九八〇年代以降、世界の経済運営は新自由主義の支配下にあった。本書はその聖典ともいうべき書である。福祉主義・ケインズ主義・社会主義に対する包括的な批判という意味では、社会思想や歴史への目配りにおいてハイエクの『自由の条件』や『法と立法と自由』の深さには遠く及ばないが、実際に「大きな政府」を退けるに当たっては、本書の影響力は甚大であった。その強さの源は、知的な「単純さ」にあるのではないかと思われる。

ミルトン・フリードマンが描く自由主義の思想史は、ごくごく単純である。フリードマンによれば、自由主義は一八世紀後半のスミスの時代に胎動を開始した。封建時代のギルドに代表される、権威による固定的な職業配分に揺らぎが生じたからである。一九世紀に至ると、代議制のもとで国家権限は縮小され、自由放任と自由貿易を基軸に市民的自由の保護が進められた。自由主義《リベラリズム》が一転して市場における個人の自由の制限を指すようになったのは一九三〇年代で、大恐慌を経た後、資本主義は不安定なものとみなされるようになる。財政政策を通じた景気対策や福祉の提供といった政府による干渉が必要とみなされ、ルーズベルトのニューディール政策が施行されていったのである。

本書が登場する直前の一九五〇年代には小説『首をすくめたアトラス』で有名になったアイン・ランドのようなリバタリアン（自由至上主義者）が登場し、富裕層の迫害を描いて小さな政府への回帰を目指す機運を高めたが、それもベトナム戦争の泥沼でかき消されていた。本書は、そうしたリバタリアン受難の時期に出版された。

基調とするキータームも冒頭二章にあるようにごく素朴で、「個人のみから成る国家」、「多様性の許容」、「他人に迷惑をかけない限りでの個人の自由」といった項目である。けれどもそれらの政治的概念には付け足しの観があって、本書の真骨頂はむしろそれらを実現するための「政府活動の制限」と「政府権力の分散」の方にある。フリードマンはこれら二つの方針を、『消費の経済理論』(一九五七)や『合衆国の貨幣史』(一九六三)といった実証分析から導き出した。本書は文章こそ平易な一般書であるが、学界で評価を得たこれらの業績をもとに政策提言している点に強みを有している。

**†マクロ管理政策は無意味である――「ケインズ経済学」批判**

新古典派経済学者としてのフリードマンの特徴は、ワルラスの一般均衡理論やそれをマクロ経済学に応用したサムエルソン流の「ケインズ経済学」を否定し、実用性の高いマーシャル理論の復権を図ろうとすることにある。ただしマーシャルの経済学といっても収穫逓増を特徴とする「経済生物学」ではなく、あくまで工学的な部分均衡分析なのではあるが。

フリードマンの実用性重視は、『実証的経済学の方法論』(一九五三)が提起した方法論にも見て取れる。「科学」とは仮説の提案とそこからの演繹、そして事実(予測)による検証を繰り返す作業であるが、フリードマンによれば、経済学が科学的であるためには、事実と価値観とを区別したうえで、仮定の現実性を問うことよりも理論から導かれる予測の正確性を重視すべきである。そうした検証（予測）重視の立場から言えば、ワルラスに導かれて形式論にこだわったヒックスらの序数原理による数理経済学は演繹のプロセスに固執しすぎであり、データによって現実との接点を見失わないマーシャルの『経済学原理』の方がはるかに科学的である。さらにサムエルソンが新古典派総合によって理解するケインズ像も、徹底批判される。

当時の「マクロ経済学」は、ケインズ経済学の根幹が、経済が発展するにともない消費性向が低下する点にあるとしていた。ケインズ型の消費関数（$C=A+cYd$　$C$：消費、$A$：基礎消費、$c$：限界消費性向、$Yd$：可処分所得）では、経済が発展して可処分所得が増大すると、平均消費性向（$C/Yd$）が下がってしまう。そうした状況では民間投資の減退が景気悪化を誘発することになるから、総需要不足は赤字財政にもとづく公共投資で補ってやらねばならない。消費性向の逓減こそが「資本主義が不安定化している」ことの原因であって、赤字財政や相続税の課税強化、所得税の累進課税など徴税の論拠とみなされていたのである。これに対し『消費の経済理論』は、所得を恒常所得と一時所得に分け、消費は恒常所得で決まり、景気は一時所得に左右されるのだとした。つまり経済発展の結果として消費が減るというのは間違いであり、高所得者や遺産に課税するのは無意味だと主張したのである。

さらに『合衆国の貨幣史』は、大恐慌を一九二九年の株価暴落から切り離すよう唱えている。フリードマンによれば、株価は半年で二年前の水準に戻っており、一方マネーサプライは三一—三三年で三一%減という具合に大収縮している。不適切な金融政策でマネーサプライが減ったことが大恐慌の直接の引き金になったと主張するのである。しかもルーズベルトは三七—三八年には買いオペすべきところ、預金準備率を倍に引き上げるような引き締めを行ない、景気悪化に拍車をかけてしまった。

こうしたフリードマンの主張の背景には、不況時にマネーサプライが増加すれば景気が好転するという、独自の「修正された貨幣数量説」がある。貨幣が景気に与える影響は甚大であるだけに、一握りの人間が通貨制度に強大な権限を振るうなら、判断ミスにより不況は深刻化してしまう。一方、ニューディールにみられたような財政赤字による公共投資の乗数効果は、ほとんど見込めないとする。こうした判断は、マネーサプライの定義を検討し直したうえで過去一世紀にわたる詳細な金融データを洗い出したことから導かれており、一部で強い支持を受けることとなった。

このような研究成果を経てフリードマンは、経済内部のメカニズムとして繰り返し発生するような景気循環は存在せず、景気は外部のランダムなショックを受け市場が適応するために生じる変動にすぎないと考えるようになる。そして公的部門が縮小し、民間部門が拡大しているという『ゆたかな社会』におけるガルブレイスの主張は、「データの裏づけがない」、と一蹴されている。フリードマンの手元のデータでは、拡大一辺倒だったのは公的部門の方なのであった。

## †マネタリズムの時代

本書の論調は、市場への絶大な信頼を背景に、政府の市場への干渉を批判する方向で一貫している。第二章の末尾には、農産物の政府買い取り、輸入関税・輸出制限、産出規制、家賃統制から公営有料道路まで、一四の撤廃すべき政府の干渉項目が列挙されている。逆に政府がなすべきこととして、貨幣供給の増加率を成長率に合わせてルール化し、恣意的操作を排除する「k%ルール」、(当時は少数意見だった) 変動相場制、義務教育について授業料支払い券を親に渡し、選んだ学校に渡して授業を受けさせる「教育バウチャー制度」、医療も含む職業免許制の廃止など、当時の常識では意表をつく市場主義の政策を展開している。冒頭に掲げたのは、企業は株主個人のものだとする象徴的な文章である。このような市場主義にもとづく分析が、貨幣の管理／国際金融・貿易制度／財政政策／教育

／差別／独占・労働組合・社会的責任／職業免許／所得分配／社会福祉／貧困をめぐり、各章で展開されている。

あまりの過激さゆえ、そのままで採用されたものは多くはないが、政治家や官僚を国家に無駄な支出を強いる存在とみなし、均衡予算を求めるよりも政府支出を抑えることを先行させるという方針は、一九八〇年代から世界の基調となる新自由主義の柱として各国で実現されていった。学界でもマクロ経済学は貨幣数量説にもとづくべきだというフリードマンの主張はおおよそ承認され、サムエルソン的な新古典派総合は瓦解するに至り、「ケインズ経済学」も賃金が硬直的である短期の理論という位置づけに縮小解釈されていった。二〇世紀最後の四半世紀の経済学界は、フリードマンの支配下にあったといえるだろう。

### †偽の個人主義

世評ますます高まる本書を、どう評価すべきだろうか。日本で社会保険庁が年金にかんして行なった杜撰《ずさん》な扱いを見れば、また予算を摑《つか》んで離さず無駄な道路を造り続ける道路族を思えば、官僚や政治家は税を国民の要望とは異なる使い方をするという本書の主張には、頷《うなず》かざるをえない。ただ、それはそうだとしても、だからといって市場を生かすということと「小さな政府」とが同一の立場であるとはいえない。なぜといって、たとえば証券市場を健全に運営するには、証券法の取り締まりに人員が必要になるからだ。市場を透明にするにはルールの監督が必須であるから、必然的にある程度まで「大きな政府」にせざるをえないのである。それを避けようとするなら、「一罰百戒」で一部の違法行為者だけを逮捕するしかない[47]。しかしそれでは、フリードマンも強調する「法のもとの平等」ではなくなってしまう。

通貨当局がマネーサプライを人為的に引き締めたことが景気後退の原因だという解釈にも、問題がある。そもそも当局が操作できるのは、現金通貨と中央銀行当座預金残高の合計である「マネタリーベース」だけである。一方、定義次第では定期預金や証券までも含まれるマネーサプライは、国民が自由意思で増減させ、当局が管理できるものではない。不況期には資金需要が減り、銀行での貸し出しも増えないためマネーサプライは縮小するのである。そう考えればマネーサプライが収縮したのは大恐慌の結果にすぎないが、逆に原因とみなすフリードマン派からすれば、民間が自由意思で選んだ「流動性の罠」さえも中央銀行の陰謀に思えてしまう。

データを集計することに対してのハイエクの批判もある。統計データを集計することは可能だが、それを一個の変数として他の集計量との間で法則的な関係にあると仮説し、そこから予測することは不可能だ、というのである。ハイエクには、マクロの経済指標としてマネーサプライに注目することにしてからが、意味をなさないのである。そもそも仮説を立て予測し検証（反証）する、といった「科学」の形式は、変数の異同にかんし恣意的ないし主観的でしかありえないととらえるハイエクからすれば、経済学には採用できないものであろう。そのような単純化された因果関係は、せいぜい事後的に回顧しうるだけである。結局のところ本書が唱える新自由主義は、ハイエクからすれば「偽の個人主義」により偽装された自由主義ということになるのだろう。

Milton Friedman, "*Capitalism and Freedom*", 1962

（『資本主義と自由』熊谷尚夫他訳、マグロウヒル好学社、一九七五）

## ドラッカー『断絶の時代』（一九六九）
### ——ポストモダン経済の幕開け

ドラッカー（一九〇九―二〇〇五）オーストリア生まれ。現代経営学の祖。知日家として知られる。『現代の経営』『産業人の未来』等。

予測は、趨勢を延長することによってしかできない。計画し、数量化できるものは、すでに起こったことだけである。そのような趨勢は、重要ではあっても、明日の一側面にすぎない。明日の現実の一つにすぎない。しかも量的な予測は、重要でさえない。重要なことは、今日とは異なる側面とその意味である。（「はじめに」）

### †ポスト大量生産・大量消費社会

一九世紀前半の労働者が生存ギリギリの生活水準におかれていた時代をリカードが描き、中小企業の活力で発展した一九世紀後半をマーシャルが振り返り、一九六〇年代の大企業による大量生産と中産層の大量消費をガルブレイスが活写したのに続き、先進国で次なる時代が地殻変動とともに姿を見せ始めていたことを一九六九年の時点で指摘したのが、ピーター・ドラッカーだった。本書においてドラッカーは、新技術にもとづく起業、グローバル化、多元化、知識社会の四つの次元で「断絶」が生じつつあると予言する。

一九四六年の『企業という概念』や一九五四年の『現代の経営』でマネジメント研究という新分野を切り開いた碩学《せきがく》が唐突に未来社会予測のような本を書いたのだから、読者は眼を疑ったことだろう。パソコンが存在せずインターネットなど想像すらできなかった時代のことだけに、それも当然ではある。しかもこれら四つの現象はまさに九〇年代から現在の経済社会の特徴として挙げられるようになったもので、それを二〇年も前に言い当てていたのであるから、驚くしかない。

だがドラッカーは、本書は未来予測の書ではないという。未来予測とは過去の趨勢から量的な延長を推測するものであって、一方彼が目指したのは、「社会の根底で起こりつつある変化、すでに起こった断絶」(一九八三年版序文)についての質的な理解であった。「これからの時代は、いわゆる未来予測の言うところとは異なり、これまでの趨勢とは違うものになることを示」すことだ、というのである。彼が「社会生態学者」「観察者」を自称するのも、過去にとらわれず現代文明の微細な変化に注目するからであった。経済学では、与件(たとえば金利)の操作によって景気をいかに好転させるかといった実効性ある提言が求められるが、それが可能なのは、過去からの趨勢が続き他の与件が安定している場合である。ドラッカーが経済学という思考法に対置したのは、変動と断絶の時代にはそうした「理論」は役に立たないという事実であった。

### †「社会的メカニズム」としてのマネジメント

けれども六〇年代末にドラッカーが偶然そうした発見をしたのかといえば、そうではないような気がする。彼が創始した「マネジメント」なる考え方のなかに、「断絶」を待望するかのような記述が見て取れるのである。原書新版の序文に、こうある。「そもそも私が、一九四〇年代の初めにマネジメントの研究に着手したのは、ビジネスに関心があったからではなかった。……しかし私は主として第二次大戦の経験から、自由な社会の実現のためにはマネジメントが必要であると確信するようになった」。では自由な社会を実現するのに不可欠な「社会的メカニズム」としてのマネジメントとは、何か。

ドラッカーによれば「企業」とは、第一に顧客のために成果を生み出すものであり、第二に人を雇用し教育して、生産に役立たせるよう権限と責任とを規定する機構であり、第三に社会とコミュニティに根ざしており、公益を担うべき機関である（『現代の経営』）。これだけを聞けば、利益の最大化を図るという通常の企業イメージと変わらないかに見える。

だが経済環境に適応して合理的に選択するような利益の最大化は、制約のなかで受動的・適応的に行なわれるにすぎない。一方、マネジメントは、変化すなわち「断絶」を計画して企業活動の自由に対する制約を除去しようとする。そのように経済を「作り出す」のが企業のマネジメントだというのである。

## †イノベーションとマーケティング

ドラッカーは、企業には二つの基本的な機能があるという。その一つが、たんに資源配分を行なうのではなく富を生み出すためのイノベーションである。企業が引き起こすイノベーションのせいで経済はたえず不連続状態にあり、それゆえにこそ発展するという。経済思想史を振り返ればこの表現は、企業の核心にイノベーションを見出したシュンペーターの『経済発展の理論』を連想させるだろう。だが話はここに止まらない。

もう一つ、ドラッカーはマーケティングが重要だという。マーケティングとは具体的には市場調査と市場分析を指すが、それは「工場で生産した商品を販売すること」ではない。シュンペーターは暗黙のうちに生産に力点をおき、イノベーションによって新商品が発売されたり価格が引き下げられると、消費者は必ず購入するかのごとく表現している。ここで登場する消費者は、受け身の存在である。けれども大量生産・大量消費の時期を過ぎ、消費者は積極的に商品を選択するようになった。必要としない商品は、安くてもいらないとされる時代が到来した。そうした多品種少量生産の時代にあって、マーケティングとは「市場が必要とするものを生産すること」であり、消費者の嗜好を見抜いて顧客を「作り出す」ことである。

ここには、商品の性質が企業と消費者の双方に客観的に理解されているとみなす新古典派からの逸脱が見られる。商品の核心はモノとしての重さではなく、すでにイメージにあり、それは企業と消費者の間で文化や社会の影響のもとで生み出される。ヴェブレンからガルブレイス、ボードリヤールと続く消費社会論や、さらに市場は知識を発見する機構でありそれゆえに計画経済は不可能だと述べたハイエクに通じる見方である。新たに知識を創造し、それが消費者に受け入れられるよう修正を図りつつ提供する機構として、企業をとらえるのである。「知識社会の到来」は、マネジメントが生み出す自由な社会の延長線上に予言されている。

### †起業家・グローバル化・多元化・知識

本書は四つの部に分かれ、それぞれが社会の断絶を描いている。第一部は、「起業家の時代」。執筆時までの半世紀の間、世界経済は農業と鉄鋼業という第一次大戦前に確立された産業を軸に動いていた。今後はそれが途上国では続くとしても、先進国では量子力学や記号論理学など新しい技術にもとづく情報産業・海洋開発・素材産業・巨大都市などにかかわる事業が展開されていき、企業は既存の知識を専門の枠を越えて組み合わせ、イノベーションを実行するためにチーム型の開発部門を独立に組織するだろう。そのためには人材を流動化させる必要があり、英米型の職能別（徒弟制的）組合を解体し、中小企業が育ちやすくするよう障壁となる大企業の内部留保も抑制されるべきという。

第二部は、「グローバル化の時代」。財のみならず生産要素も国境を越えて移動するようになるが、それだけだと国際経済学の枠内にある。ドラッカーはそれに、「映画・ラジオ・テレビといったメディアによって知覚が一つになったこと」を付け加える。情報圏が緊密化したという意味でも、グローバル化が起きたというのである。企業は世界各地から情報を集め各地で資本投下を行なうから、グローバル通貨の創出や、グローバルに活動しうる起業家や人材を育成する政策が必要になる。興味深いのは、こうした話になると英米かぶれの知識人は決まって日本は内向きで遅れていると批判するのだが、ドラッカーによればグローバル化に即した経済発展の優等生は高度成長期の日本であり、劣等生が英米だとする。

第三部の「多元化の時代」では、組織が多様化するとともに権力が分散したと述べる。

ロックフェラーの時代に巨大とされた規模の企業は、今日では無数に存在する。だがガルブレイスが『新しい産業国家』で描いたような、企業以外に有力な組織がないかのような単純化には無理がある。というのも多くの組織が依存しあっているからで、企業が病院や学校を経営したり、逆に企業が学校や病院に業務を一部委託するといった例が散見されるようになった。政府にせよ「調停人」ないしせいぜい「リーダー」であって、中央集権的ではありえない。

そして最後が「知識の時代」。ドラッカーの言う知識とは、「知識人」や「専門家」が持つ知識、すなわち本のなかにあるものとは異なって、実際に使うためのものである。それゆえ本書の言う知識労働者は、一九〇〇年当時に知識人や専門家とされた人々のではなく、熟練労働者の後継者である。しかも以前の経済では、たとえば鉄鋼業は知識ではなく技能を基盤とし、そのため徒弟制的に、一つの目的のため一揃いの道具の使い方だけを体得すればよかった。ところが企業内での学習を体系化したテイラーの「科学的管理法」が登場して以降、未熟練労働者も熟練労働者の働きができるようになり、生産性は一〇〇倍に伸びて賃金格差も縮んだ。そして知識が基盤になると、つねに新しいことを学び、かつて学んだことを捨てていかねばならない。プログラマー、システム・エンジニア、看護婦、栄養士、医療技師、ソーシャルワーカーなどの知識労働者は、学習によって熟練を多様に更新し続けねばならない。

ドラッカーが重視する知識はマネジメントに役立つような応用的なものであるから、大学などの教育機関も、専門によって分割されていては相応しくない。そこから、狭い専門を研究して博士号を得ることを重視するのではなく、応用分野別に学部を再編せよという提言が出てくる。

**†変わるための伝統**

本書は、ひとことで言えば経済におけるポストモダン時代の到来を告げる書である。モダンの時代には、モノとしての商品が生産され、流通した。労働者は生存ギリギリの水準でしか生活できないと見たリカードの時代も、生産のコストダウンで消費者が物欲を満足できるようになったマーシャルの時代も、大量生産・大量消費をかなえたフォーディズムの時代も、モノを中心として経済が営まれていると考えられた。

しかしポストモダンの時代には、モノだけではなく情報や象徴、知識が経済の中心を占めるようになる。商品からモノとしての重さを個々人が感じ取ることができるなら、個人を単位として経済を構成されると考えて支障ない。だが情報にせよ象徴や知識にせよ、個人に帰属するのではなく、人と人の間で共有されて初めて意味を持つ。そのように人と人の間、集団や社会、国家や国際社会を主体とするような経済学は、まだ確かな形をなしていない。

ここでは利潤がモノの生産によってではなく、知識の変革によって生まれるとされている。しかし変革は既存の社会や伝統を破壊するだけのものであってはならない、とドラッカーは言う。企業は社会や伝統によって支えられるからだ。「変わるための伝統」こそが重要だと見るのである。ドラッカーの愛好する思想家が保守主義の祖、E・バークだというのも頷ける。そんな非左翼の彼が、ベトナム反戦運動や学生運動を「誰よりも深刻に受け止めていた」というのは面白い。これらの社会現象を反戦運動や冷戦の派生物として保守の立場から冷笑するのでなく、より深く文明や学校制度の揺らぎとして感受したのである。「観察者」としての面目躍如、といったところだろうか。

本書の予言は、現在も生きている。一九九三年の続編『ポスト資本主義社会』では、二一世紀をも見通すその後の観察が詳述されている。

Peter Ferdinand Drucker, "*The Age of Discontinuity*", 1969
（『断絶の時代』〔新版〕上田惇生訳、ダイヤモンド社、一九九九）

## ボードリヤール『消費社会の神話と構造』(一九七〇)

### ——差異化の果てに

ボードリヤール(一九二九—二〇〇七)フランス生まれ。パリ大学ナンテール校教授。ソシュールの記号論をマルクスの価値論に応用して現代消費社会を分析、ポストモダンの代表的思想家とされる。

財や差異化された記号としてのモノの流通・購買・販売・取得は今日ではわれわれの言語活動でありコードであって、それによって社会全体が伝達しあい語りあっている。これが消費の構造でありその言語《ラング》である。個人的欲求と享受はこの言語《ラング》に比較すれば話し言葉《パロール》的効果でしかない。(第二部)

#### †消費社会論の変遷

近年、正月のお節を作る家庭が急速に減り、反面で商業イベントと化したクリスマスのパーティやプレゼントが行事として揺るぎない地位を得つつあるという。資本主義は、消費にまつわる伝統や文化のリズムにも急激な変化を強いている。本書は消費活動が文化と深いかかわりを持つという従来の消費論を超え、文化が経済によって変容する過程にまで踏み込んで、消費社会論に画期をもたらした。

新古典派は、消費を功利主義的な人間がモノの使用価値を追求して行なう行為とみなしている。ヴェブレンはこれに異を唱え、消費とは財の所有者が社会的地位を誇示しようとする人類学的現象だと主張した。だが消費を社会的地位を示すための「見せびらかし」の競争として把握するヴェブレンの「衒示的消費」論に対しても、多くの批判が向けられている。なかでも重要なのが、彼の説もまた功利主義を脱却しきってはいない、という批判だろう。

ヴェブレンは消費が購買されるモノの使用価値だけに還元されないと主張するものの、一方で消費を有閑階級が文明社会の全段階で強いる見栄の張り合いという別の目的に従属させている。それゆえ衒示的消費は、新古典派経済学においても「価格の上昇によって満足水準が上がる」効果という形式的な理解では受容されている。ヴェブレンには功利主義の残滓が見られる、というわけだ。

M・ダグラス(48)はこれに対し、消費概念を「効用」の次元からより徹底して「文化」の次元へと移行させる必要があると主張した。人は肉体的精神的欲求を満たしたり、競合的に衒示したりするためだけに消費するのではない。個々の消費の意味は、あくまでそれが行なわれる文化の文脈に依存する。消費は、文化のカテゴリーを表象するための装置なのである。「消費の割合が大きいことは、ある文化においては気前がよく堂々とした善行と認められるのに、他の文化においてはまったく同じ行動が、金使いの荒い軽率な悪行と呼ばれもする」。それゆえ個々の商品の消費ではなく、消費の流れが全体としてつくり出していく意味の解読こそが求められるのだ、と。こうした主張は、R・バルト[49]によってさらに発展させられた。

### †バルトの記号論とコミュニケーションとしての消費

バルトは、衣服などの持つ象徴的な意味は言語のそれに似ているという。ソシュールは「犬」という言葉が「猫」を意味しない理由を解き明かす鍵として、「差異」に注目した。「ｉｎｕ」は様々な声質や高さで発音されることになるが、多種多様なそれらが一律にあの動物を指す同一の「ｉｎｕ」と理解されるのは、「ｎｅｋｏ」や「ｓａｒｕ」の発音との差異が明瞭に把握される限りにおいてだ、という。一方、実在する動物の側にも、客観的な区別は存在していない。音声や文字という物理的側面（シニフィアン）において差異が認識されることにより、何種かの四つ足動物を相互に区別することができ、言語の意味

（シニフィエ）が生まれるのである。さらに「犬」や「猫」、「猿」は、「動物」という同種のカテゴリーに属し、そのなかで差異を持っていて「範列」（パラディグム）関係にあると言われる。

だが言葉の意味は、それだけでは確定しない。「犬」に「権力の」という別の言葉が添えられれば、それは動物を指さなくなるからだ。ある言葉の意味は別の言葉との結合、さらには文章の流れにおいて意味を確定するのである。この言葉の「結びつき」が「連辞」（サンタグム）である。

バルトは同様のことが、財の選択にかんしてもいえると見る。シャツ―ズボン―履き物という一式の衣服でいえば、シャツはワイシャツ／ポロシャツ／Tシャツのなかから選択され、短パン／スラックス／ジーンズから選ばれたズボン、革靴／スニーカー／ビーチサンダルから選ばれた履き物と組み合わされる。衣服を着るにつけても選択と結合が行なわれているのである。商品の体系は、商品についてのパラディグムとサンタグムの格子によって構成されている。

さらにジャン・ボードリヤールは本書で、バルト的な消費の記号論に、社会的な論理を付け加える。本書において消費とは、商品を意味の体系において認識し、その消費によって自己を社会のなかで定位するための無言のコミュニケーションである。

こうした人間観は、個人には確固とした欲望と商品に対する選り好みの体系があり、しかも矛盾なく選択する合理性をも併せ持っているとみなす新古典派特有の「近代的自我」の観念を、真っ向から否定する。人は他人（もしくは社会）が作った商品の意味体系に沿って消費することで、無言のうちにメッセージを交換しあう社会的動物なのだ。人は自分のなかにある表現意欲に従って服を着ているだけであり、「ほんとうの自分」が存在すると新古典派が暗黙のうちにみなすのに対し、ボードリヤールはそんな「自我」など迷妄にすぎない、人は社会があらかじめ用意したコードに合わせて個性を表現するだけだ、と考えるのである。

## †現代社会を動かす差異化としての消費

ボードリヤールが示唆する消費の社会的論理には、二つの方向がある。第一は、分類と社会的差異化の過程である。モノはバルトの言うコードとしての意味上の差異だけでなく、ヒエラルキーの価値においても秩序づけられている。Tシャツ―ジーンズ―スニーカーが肉体労働者の仕事着だとすれば、ワイシャツ―スラックス―革靴はホワイトカラーの服装である。サンタグム相互に、ヒエラルキーの序列が象徴されているのである。高度成長期までの日本に即して言えば、「豊かになる」とはこのヒエラルキーの階段を上っていくことだった。新商品にしても、それ自体の機能を求めてというよりも、生活全体の水準を上げること、「豊かさ」という観念を享受することを求めて購入された。そしてヒエラルキーの頂点には、進駐軍やテレビドラマが示して見せたアメリカ的生活があった。それを得るべく、日本では五〇年代後半は三種の神器（白黒テレビ・洗濯機・冷蔵庫）、六〇年代前半は3C（カラーテレビ・自動車・クーラー）が家庭に浸透していった。三種の神器よりは3Cの方が、高いヒエラルキーに相当するサンタグムであった。

ところが生活の「水準」を上げるような「豊かさ」の追求は、七〇年代半ばに停止する。いくらテレビやクーラー・自動車を所有しても、家の狭さや通勤時間の長さは解消されない。理想とするアメリカ的な消費生活に、物理的に可能である限り追いついてしまったのだ。本書が日本の読書界に紹介されたのは、そのような意識が広まった頃であった。

生活の水準が上がらないとしても、変化を楽しむということはありうるだろう。同じサンタグムに属する商品であっても、Tシャツ―ジーンズ―スニーカーという系列において、Tシャツのデザインや色合いを変えるのである。八〇年代の日本では、企業が供給する製品の多様化、すなわち多品種少量生産が展開された。そうした状況を説明するかのように、ボードリヤールは第二の方向として、経済社会の進展とともに消費者自身の「個性」さえも消費の対象になると言う。これまでのものとは異なる化粧品を使うとき、消費されるのは化粧品だけではない。それを使う〝ちょっと違う自分〟というイメージ、「個性的な自分」もまた消費されるのである。

消費は、商品を使うことで自然な欲求を充足させる過程ではなく、人々が互いに差異化（差異を生み出すこと）を競う営みと化している。個人が内的な欲望を満たす行為ではなく、人々がその間において相互の差異化を図る社会的活動なのである。豊かになるために、また個性を表現するために、人は差異を消費する。シュンペーターは差異が生まれれば利潤も自動的に生まれるかに論じた。しかし差異は消費されて初めて差異として承認され、利潤を生む。結局のところ、人々が相互に差異化を図るという社会的消費こそが現代社会を動かしてゆくのである。

### †「シミュレーション」の世界

こうした社会的論理については、誰もが思い当たるであろう。しかしボードリヤールは、ここに止まらない。彼が最終的に描こうとしたのは、商品がたんに記号的な意味を持つという事態ではなく、企業の利潤追求活動を通じて「モノのリズム」が人の生活のリズムからはかけ離れたものになってゆく様相であった。彼が「記号としての商品の消費」と言うとき、欲望は人為的に操作されるとするガルブレイスの「依存効果」にも批判の矢が向けられている。欲望が操作されるならその元としての「自然な欲望」なるものが存在するはずであり、そうである以上は人為的な操作を打ち切れば自然に回帰できるはずである。しかし記号としての商品には、自然と人為、オリジナルとコピーの区別はない。

資本主義の論理にとって差異化は無限に展開されるしかなく、とりわけ同一のモノが大量生産されるようになると、モノはもはやオリジナルと模造品といった記号的な差異すら無化し、均質的な世界をつくり上げる。芸術作品にしてからが、大量にコピーされてしまう。そこから行楽地の土産物のようなステレオタイプの「キッチュ」や、弾くわけでもないのに「豊かさ」の記号として購入されるピアノのように、機能を持たず雰囲気だけしか示さない財である「ガジェット」が生まれる。そうした商品が魅力的に見えるよう広告が打たれ、購入されるのが現代だというのである。

「差異化への欲求」は、行き着く果てに準拠していた現実との照合関係を解消し、象徴や効用の次元で無意味化するに至る。「シミュレーション」の世界である。象徴の体系としての文化や身体的自然にかかわる効用に裏づけられていたはずの消費は、ついには文化や自然を切り離してしまうのだ。

ボードリヤールは本書において、身体や「痩《や》せたい欲求」、セックスやショーウィンドー、余暇や暴力、疲労など様々な現象を論じた後、『象徴交換と死』(一九七六)、『シミュラークルとシミュレーション』（一九八一）等では、オリジナルとコピー、自然と人為の区別が消失する極点を描こうとした。それはバブルに浮かれる日本人に、自画像を与えるかに思われた。けれども彼が生産も革命も歴史もすべてが終わったと予告してまもなく、突如冷戦が幕を閉じる。冷戦後の世界は、彼の想定とは異なり、民族間の原理主義的な紛争に巻き込まれていった。原理主義は象徴の体系としての文化の再興を図り、それに経済社会の全域を拘束させようとする運動であって、ポストモダン的な方向での消費を告発するものでもある。

彼はここで「透き通った悪」といった概念を持ち出した。しかしそもそも我々の社会は、人為と自然のいずれかにおいて、もしくはそれらから離れて存続しうるものではなく、人為を自然とするような「慣習」を住み処とするものではなかったか。振り返ればヒュームは、世界の合理的な基礎や確かな「私」を「印象の束」に解体した後、暗黙の了解として慣習が社会や個人に秩序を与えるとみなしていた。経済思想史は、その起点を再確認しなければならないのではないか。

Jean Baudrillard, *"La Société de Consommation: ses mythes, ses structures"*, 1970
（『消費社会の神話と構造』今村仁司・塚原史訳、紀伊國屋書店、一九七九）

## ロールズ『正義論』（一九七一）
### ――福祉主義の論理的根拠を求めて

ロールズ（一九二一―二〇〇二）アメリカ生まれ。ハーバード大学教授。正義論を政治哲学の中心的テーマとして復活させる。

［第一原理］各人は、平等な基本的諸自由からなる十分適切な枠組への同一の侵すことのできない請求権をもっており、しかも、その枠組は、諸自由からなる全員にとって同一の体系と両立するものである（平等な自由原理）。

［第二原理］社会的・経済的不平等は、次の二つの条件を充たさなければならない。第一に、社会的・経済的不平等が、機会の公正な平等という条件のもとで全員に開かれた職務と地位に伴うものであるということ［機会の公正な平等］。第二に、社会的・経済的不平等が、社会のなかで最も不利な状況にある構成員にとって最大の利益になるということ（格差原理）。

……第一原理は第二原理に優先する。また、第二原理のうち、機会の公正な平等は格

差原理に優先する。（『公正としての正義 再説』田中成明ほか訳、岩波書店、二〇〇一＝二〇〇四。［ ］内は引用者による）

## †価値相対主義を乗り越える——民主制と政治思想の復権

新古典派経済学では、初期（一九世紀末）には効用にかんし基数概念が用いられた。効用は個人間比較が可能とされ、所得の再分配にかんし福祉主義の立場が勢力を保った。のちに社会全体の効用を個人に優先させるベンサム的な功利主義の流れを変えたのはロビンズで、彼は効用の基数性を序数性に置き換え、個人間比較も否定して、経済学を福祉主義から自由主義に転換する運動を主導した。

それ以降、経済学は社会の改革の方針を「他人の効用水準を低めない限りでのある人の効用水準の改善」に止めるようになり、それがやり尽くされた「パレート最適」な状況を理想とみなすようになる。これは、他の人々の効用水準を害さずに誰かの状態を改善する、つまりムダをなくす「効率性」に限り共有される価値とみなす立場で、それ以上の所得分配の変更は倫理判断として、経済学の守備範囲から排除された。そして無数にありうるパレート最適な分配状況から、いずれを最適なものとみなして税により再分配するかの判断は、個人間の利害対立を招くため政治学に委ねられた。

ところがK・J・アローは『社会的選択と個人的価値』(一九五一)において、そのような利害対立状況における政治的判断は、新古典派経済学が前提するような合理的な個人を前提にする限り、民主主義的な投票によっては導き出せないことを論証した。各人があらゆる選択肢につきバラバラの選好を持っており(個人主義)、全員が選択肢aよりもbを選択するときにのみ社会的意思決定がなされ(全員一致)、選択肢aやbについての順位づけは各人のaとbへの選好によってのみ決定され、他の選択肢c、d、eなどへの選好に左右されず(無関係な選択対象からの独立性)、特定の者の選好が他の者のそれよりも優先されることはない(独裁者の否定)という四つの条件(民主制)のもとでは、意思決定のルールは存在しない、というのである。かくして民主政についての「不可能性定理」が、数学的に証明された。

だがこれは、あくまで新古典派的な人間観を前提してのことである。むしろ民主主義に期待されるのは、当初バラバラであった意見が討議を経てある程度まで収束し、合意に至るといったことだろう。だがそれは、思想的にはどう論理化され正当化されるのだろうか。ジョン・ロールズの『正義論』は、政治学に無効性をつきつけるかのようなアローの主観主義・価値相対主義の乗り越えを図り、民主制と政治思想の復権を唱えて、大きな反響を呼んだ。

## †正義の二原理

『正義論』は、二つの原理を主張する書物である。「第一原理」は、市民には他者の自由を侵害しない限りでの自由（市民権）が平等に与えられるべきだとするもので、人々は投票権や公職につく権利、言論・集会の自由、良心・思想・信教の自由、心理的・肉体的な圧迫からの自由、個人的財産を保持する自由、職業選択や移動の自由など、基本的自由に対する権利を有するとする。

それを踏まえて「第二原理」は、自由にもとづく活動の結果として生じるそれ以外の基本善（財）にかんする不平等が、どこまで許されるかを規定する。職務や地位についてすべての人に開かれているという機会の均等が行き渡っているならば、不平等は、もっとも恵まれない人の利益になると期待される限りで容認される。不平等がモチベーションを与えて生産性を高めることは評価するものの、それは同時にもっとも不利な人にとって最大の利益を与えるものでなければならない、というのである。

これら二原理によれば、機会の平等だけでなく、結果についても基本的自由につきナショナル・ミニマムが要求されることになる。社会正義が多数者の善を最大化することを目指す功利主義でとらえられると、マイノリティの権利や個人の自由は侵害されてしまう。

ロールズは、功利主義を採らずに正義を定式化したのである。(50)

ロールズは当初、人々が自分の社会的経済的地位を知らないという「無知のヴェール」を仮構した。互いに第三者的な立場に立って相互に無関心かつ合理的である「原初状態」にあるとき、この二原理が全員一致で選ばれると考えたのである。基本的な権利を認め機会が均等であるときに、人々が自分に才能や遺産が与えられているか否かを知らないならば、誰もが（所得・資産・環境についての最低水準を最大化すべしとする）マキシミン原理に従い最低所得の最大化を合理的に選ぶはずだ、というのである。自分が優位にあると知っている人が格差を肯定し、劣位にあると知っている人が平等を訴えるという対立を防ぐ工夫である。

ところがこの試みは、合理的な選択やマキシミン原理といった新古典派的な装いのもとでなされたこともあり、激しい批判にさらされた。ロールズは本書で、正義の二原理をマキシミン原理によって正当化した。それに対し経済学方面からは、リスク回避的な個人という偏りがなければそれは正当化できない、という論駁《ろんばく》を受けた。また、リバタリアンのR・ノージックは、自由や権利を保障する第一原理には共鳴するものの、再分配を支持する第二原理は拒否する。さらにコミュニタリアンのM・J・サンデルは、個人の自由につながる権利よりも、共同体に生きる歴史や価値の「負荷性」を刻印された人が抱く「善

good」を優先すべきだと言い、A・センは分配された基本財に十分に反応できない状況こそを改善すべきだとして「潜在能力 capability」に注目する。称賛に勝るとも劣らぬ数の批判の集中砲火を浴びたのである。

そこでロールズは八〇年代から論証の方法を営々と再考し、『政治的リベラリズム』(一九九三)、『万民の法』(一九九九)などを上梓したが、『正義論』にかんしては八〇年代から講じていた補足を加え『公正としての正義 再説』(二〇〇一)を著した。

### †『正義論』の修正――「普遍的基礎づけ」から「重なり合うコンセンサス」へ

『再説』で修正された議論においては、とりわけ新古典派的な正義論とは異なる論理で正当化を試みた。一つは、原初状態から正義の二原理までの合意を演繹的な推論によって基礎づけるのではなく、市民が有する「道徳的能力」によって導こうとするカント的な正当化の方法である。二つには、道徳的能力によって合意したとしてもなお判断が揺れるような場合、他の様々な政治的正義にかんする構想と比較考量を行なうという「反省的均衡」の方法である。

これは普遍的な原理で基礎づけるという一九七一年版『正義論』の試みそのものを放棄するという一大転換であって、その結果、正義の二原理は社会契約によって普遍妥当性が論証されるのではなく、特定の歴史的文脈において提起された仮説とみなされることとなった。正義の原理は社会契約によって受容されるのではなく、リベラルな言論のゆるやかな連帯というアメリカの公共文化の伝統において継承される、というのである。

ここでロールズが対象とする「社会」には、三つのレベルがある。価値観や包括的な教説が共有され、参入・退出が可能なローカルな共同体や結社。正義の二原理が基本構造として妥当する国家。そして『諸国民の法』＝国際法によって規制されるグローバルな国際社会の三つである。国家は閉じた社会で、人々は誕生により参入、死亡により退出するだけであり、個人の意思によっては自由に出入りすることができない。しかし民主主義国家は「穏当な多元性」に直面しており、それゆえ中世社会のような唯一の善（キリスト教の教義）は共有されていない。唯一の価値が共有されるのはローカルな結社だが、出入り自由である。

『再説』において国家を規制する正義の二原理は、第一原理および機会の公正と、格差原理とで異なる擁護論が立てられている。第一原理と機会の公正はマキシミン・ルールによって論証されるものの、その後に他の政治的正義の構想（リバタリアニズム、自然法、功利主義等）と比較され、正当性がさらに検討される（第一比較）。第一原理については、無知のヴェールのもとで人々は、他にどんな価値観（善の構想）があるのか、他人が悪意や嫉妬、リスク回避的等どんな心理にあるのかを知らない。それでも「公正としての正義」が優位にあるとみなして平等な自由を採択するのは、それによって相互信頼が培われ、抜き差しならぬ対立を避けうるという根本的な利益が確保されるからである。

次にロールズの言う「格差」は人生の「全生涯にわたる見込み」にかかわるものだが、社会階層や生まれつきの才能、教育機会や運不運といった「機会」にかんしては平等（公正）であることが求められる。機会の公正の例として、最下位にあるチームから新人と契約する優先権を与えられるメジャー・リーグ（野球）の「ドラフト・ルール」が引かれている。これは長期にわたる機会の平等を確保するルールで、相続にかんする法がそれに当たるという。

一方、格差原理の採択にかんしては、互恵性が働くとする。この段階では無知のヴェールは取り払われており、第一原理と機会の公正の採択後に社会がどのような状態になっているのか、人々は知っている。ここではマキシミン・ルールは用いられない。様々な包括的な教説がローカルに共存するとき、互いに異説でありながらもゆるやかに重なり合う部分が現実に支持され、「安定性」を確保できるかどうかを基準として、格差原理と他の政治的正義とが比較される（第二比較）。

宗教戦争以降の欧米の伝統としては、寛容原理がいずれの穏健な宗派にも必要と認められるようになり、「重なり合うコンセンサス」となっている。「重なり合うコンセンサス」とは歴史的な経験として自由な社会が共有するに至った了解だから、格差と平等を拮抗させるような公正さはそうした了解によって支えられているはずだ、というのである。

## †ハイエクとロールズ

ロールズが表現を修正したちょうどその頃、アメリカでは新自由主義が台頭していた。その流れからすれば、ロールズはハイエクとは対立していそうに見える。ところがハイエクはロールズの正義論に対し、好意的な評価を与えている。「私が残念に思い、混乱しているとみなす点は、この関連でかれが『社会的正義』という用語を採用していることである。……細目まで定められたシステムとか望ましい事物を分配的正義に適うとして選びだすという仕事は、『原理的に間違いであるから放棄しなければならないし、いずれにせよ、それは明確な答えを出すことができない』ことを認める著者となら、私はなんの基本的な論争点をもたない」(『法と立法と自由Ⅱ——社会正義の幻想』[51])。

ハイエクによれば、個人が知っているのは自分の身辺にかんする具体的で断片的な事実のみであり、社会の全体やルールを設計することなど誰にもできない。それがロールズの言う「無知のヴェール」なのだ、と言うのである。個人になしうるのは、歴史的に発展してきたルールに従いつつ自分の知る情報を駆使して活動することだけである。そう信ずるハイエクは、歴史的に進化してきたルールの下で個人が自由にふるまうならば、社会には秩序が自生すると言う。

ロールズに対する共感は、一見したところ合理的な個人による契約という論法を拒否するハイエクらしくないとも思われるが、修正後のロールズの表現では「重なり合うコンセンサス」が時の試練を経て共有されるというように、響きあう部分が多い。そうしてみれば、ロールズの唱えた正義論と、ハイエクの教えを守る限りでの自由主義とでは、さほどの差が見出せなくなる。むしろ正義論の決定的な変化は、八〇年代における新自由主義の台頭を経て社会主義が崩壊した後の九〇年代、自由主義の内部において、ハイエク＝ロールズ的なリベラリズムと、リバタリアン的な市場原理主義が断絶したことによってもたらされたのであろう。

John Rawls, "*A Theory of Justice*", 1971
（『正義論』矢島鈞次監訳、紀伊國屋書店、一九七九）

# センの『不平等の再検討』（一九九二）
## ――「潜在能力」アプローチによる「公」の再発見

センの（一九三三―）インド生まれの経済学者。専攻は社会選択理論。ケンブリッジ・ハーバード大学等で教授を歴任。九歳時にベンガル大飢饉に遭遇。貧困を生産力から捉えない視点で飢餓の発生を分析。

ニューヨーク市のハーレム地区の人が四〇歳以上まで生きる可能性は、バングラデシュの男性よりも低い。これは、ハーレムの住人の所得の方がバングラデシュ人の平均的な所得よりも低いからではない。この現象は、保健サービスに関する諸問題、行き届かない医療、都市犯罪の蔓延など、ハーレムに住む人々の基礎的な潜在能力に影響を与えているその他の要因と深く関連している。（第七章）

### †自由の平等

貧困や福祉は何を基準に容認されるのか。こうした問いは、規範や価値を政治学や倫理学の問題として事実上経済学の守備範囲から排除してしまった新古典派においては、およそ不問に付されている。けれども途上国の発展を扱うとなると、経済学者も眼を背けるわけにはいかない。厚生経済学から出発したインド出身のアマルティア・センにとって、従来の分析用具は途上国を扱うには決定的に非現実的なものに映った。それどころか、より積極的に分配の正義を論じたロールズの正義論すらも、不十分に思われた。

というのもセンが目の当たりにしたインドでは、先進国の人々ならなしうることを、所得を保障されてもできない人が多数存在したからである。所得があるのにそれを適切に使えないことこそが、貧者の悲しみではないのか。福祉主義が目標とするような最低所得の保障を実現するだけでは、途上国の人々を貧困から救えない。自由主義が唱える機会の均等化にしても同様だ。こうした直観が、センを独自の経済倫理学の構築へと向かわせた。彼には多数の著書があるが、その全体を網羅しながら比較的平易に書かれたのが、本書である。

通常、福祉主義と自由主義は、平等と自由のいずれかを重視するとみられている。けれどもセンは、そうではないと言う。規範を論じるに当たって様々な立場があるが、争点は平等か反平等かではない。「所得平等主義」は所得の平等を望み、「厚生平等主義」は厚生水準の平等を、「古典的功利主義」は各人の（総）効用の社会的な和の最大化（各人の限界効用の均等＝平等）を、「リバタリアン」は一切の再分配を拒否しあらゆる権利や自由が平等に与えられることのみを求める。つまり、皆が平等主義者だと言うべきなのだ。平等か反平等かではなく、所得や富、幸福、自由、機会、権利、ニーズの充足、基本財等、いずれを平等の焦点とするのか、他の点での不平等をいかに正当化するかで立場が分かれてきたのである。

センは平等さを検討する際に焦点を当てるべきとされるこれらの変数を、「成果」と成果を達成するための「自由」とに二分する。成果には、得られた快楽で表される「効用」、所得や消費で表される「豊かさ」、生活水準の指標で表される「生活の質」などがある。序数的効用を用いる社会的厚生関数にしても、選好の達成が成果である。

政治思想に属する正義論がまず批判の矢を向けたのが、自由を社会全体の成果達成のため手段としてしか扱わない功利主義のような立場だった。ロールズが「基本財」、ドウォーキンが「資源」の平等に注目するのは、成果の平等よりもそれらを使用したり消費する自由の平等こそが政治の課題だと考えるからである。これにはセンも半ば同意する。というのも長年困窮している人はささやかな所有物にも喜びを見出すことが習い性となっており、効用のみで測ると貧者も幸福とみなされ境遇を改善する必要なしということになりかねないからだ。

## †潜在能力アプローチ

ところがセンは、所得（より広くは基本財）や資源の平等、すなわち機会の均等だけでもまだ十分ではないという。そこで得られる自由も、センに言わせれば実質的な平等を保障するとは限らない。基本財や資源を自由に使用し成果を挙げる「変換能力」には、個人差があるからだ。

所得を金銭で再分配したとしても、アルコール依存症患者はアルコールを消費するだけに終わる。所得水準が伸びても、無駄遣いするだけでは途上国民の生活は向上しない。基本財を平等に保有していても、享受する自由は不平等ということがありうるのだ。食材を供給しても、肝臓が悪い人は生活を改善できない。この場合、健康という潜在能力の欠如こそが、貧困であることの実態である。貧困である人の多くは基本財を与えられても、高齢・障害・病気などの理由から、移動すること・健康に生活すること・地域に参加することなどの自由に変換できないでいる。

ここでセンは自由の実質、自由そのものを測るために、「潜在能力」（capability）に注目している。人間の生活は「適切な栄養を得ているか」「健康か」「幸福か」「社会生活に参加しているか」など、様々な「機能」によって構成されている。機能とは、制約が取り払われたときに個人が選択するであろう本来の事柄である。そして「潜在能力」とは、人が行ないうるそのような機能の組み合わせの全体、すなわち「真の選択肢」のことである。人々の生活の質すなわち福祉(well-being)は、人間が本当は何をなしうるのかという生き方の幅を示す潜在能力を測ることによって評価される。それゆえセンの「潜在能力アプローチ」は、福祉水準を評価するのに適切な機能を特定することから始まる。貧困とは低所得ではなく、なんらかの制約によって潜在能力を欠いた状態なのである。

これは何を意味するのだろうか。ロールズやドウォーキンらの福祉主義的なリベラリズムは、当人にはどうしようもない機会の不平等、すなわち全体の功利のために個人に不自由を強いる権力や社会階級、家柄、所得の貧富などを取り除こうとした。これが正義の実現である。けれども各人がどのような選択をなすのかについては、それぞれが善とみなすものが主観的であるために、個人の自己責任として不問に付している。ともに、他人が善の内実に踏み込んで評価することは個人の自由に対する侵害だと考えるからである。これに対しセンは、福祉主義のリベラリズムがあえて踏み込まなかった善の内実をも検討しなければ、自由が実現しているか否か断言できないと主張する。

## †市場を支える「公」の創出

潜在能力アプローチが、リベラリズムの根底に抵触するものであることには注意を促しておきたい。善についての主観主義・相対主義をとることは、福祉主義であれリバタリアニズムであれ共通している。自由は、「私」にかかわる概念とみなされるのである。ところが機会の不平等が取り払われたとしても、個人が自由を享受できるとは限らない。そこでセンが政策として構想するのは、基本財や資源について「私」が潜在能力を発揮するための「公」の創出である。これは分配にかんする「公正」を、個人の自由や効用にかかわる規範としてではなく、市場が健全に機能するための条件と見る立場であろう。人々が市場で金銭をやりとりし活動する以前に、参加するための必要条件と言うべきものがある。恒常的に欠乏状態におかれている人々にとって、基礎教育や初歩的な医療、安定した雇用といった社会的、経済的要因は、人々が勇気と自由をもって世界に直面する機会を与えるうえで果たす役割が重要なのである。これは市場に参加しうるための条件を指摘するものだろう。

センは発展論の文脈でこう論じたが、これは先進国にも言えることだ。冒頭に引用したセンの文章でも、福祉政策が存在する先進国において潜在能力を欠く人々が存在することが、証言されている。義務教育で「読み書き算盤」が重視され、それ以上の知識にかんしては公開の図書館や行政府で閲覧できることが必要なのは、人々が市場において新知識の発見という潜在能力を発揮し、利得を得るための先行条件となっているからである。これらは公共財というよりも、市場で自由に活動するための必要条件である(52)。

帰宅しても誰もいない、「お帰りなさい」も言ってもらえない子どもが、分からない問題でつっかえて勉強を進める気になれないからといって、「努力が足りない」と言えるだろうか。各人の存在を全面的に受け入れ、活動意欲をかき立て、知恵も授けてくれる家庭や学校、地域や友人などの人間関係もまた、個々人が自由にふるまうための条件である。医療や薬剤の効能や安全性を素人の消費者が判定することは不可能だから、公的機関で保証する必要がある。これらの人間関係や基礎教育や初歩的な医療は一種の「社会資本」だが、それは国民が潜在能力を発揮するための条件となっているのである。

センがインドの貧困から見出したのは、たんなる社会福祉ではなく、市場が機能するための「公」的領域の必要性であった。それはとりわけ、リバタリアニズムが小さな政府を唱えることの矛盾をついている。

Amartya Sen, "*Inequality Reexamined*", 1992
(『不平等の再検討』池本幸生、野上裕生、佐藤仁訳、岩波書店、一九九九)

## 註

(1) 岩波文庫では『市民政府論』。柏書房版では第一篇が初訳された。

(2) 大森雄太郎『アメリカ革命とジョン・ロック』慶應義塾大学出版会、二〇〇五。

(3) 資源の占有が限界に達したとき、調整する方法としては、固定資産税や相続税、期限付きの特許などがありうる。「税は盗みである」と考える極端なリバタリアンは、占有の弊害を認めない。

(4) J・G・A・ポーコック『徳・商業・歴史』(田中秀夫訳、みすず書房、一九九三)第二章「徳、権利、作法」。

(5) 坂本達哉『ヒュームの文明社会』創文社、一九九五。

(6) 近年の例で言えば、韓国では朴正熙がクーデターにより政権を奪取して以来、全斗煥・盧大愚と三代にわたり親日的な軍事政権が続き、驚異的な経済発展を果たした。しかし金泳三が「文民大統領」になると、「歴史の清算」を掲げて全・盧両元大統領を逮捕し、政府間の暗黙の信頼関係も解体した。金泳三政権以降、反日熱が高まったのはそのせいだろう。これは民主化を革命ととらえ、慣行や信頼を廃棄して歴史の連続性を切断する(反ヒューム的な)立場だといえる。

(7) 現在、入手しやすい別の訳書には、『市民の国について』(上・下、小松茂夫訳、岩波文庫、一九八二)がある。

(8) Donald Winch, "*Adam Smith's politics: an essay in historiographic revision*", 1978(『アダム・スミスの政治学』永井義雄他訳、ミネルヴァ書房、一九八九)。

(9) 小林昇『増補 国富論体系の成立』未来社、一九七七。
(10) もっとも賃金生存費説はマルサスの『人口論』を受け入れ定式化したものであるから、批判はリカードよりもマルサスに向けられるべきかもしれない。
(11) その様相については、拙著『分断される経済』(NHKブックス、二〇〇五)参照。
(12) 『小林昇経済学史著作集Ⅵ フリードリッヒ・リスト研究(1)』未来社、一九七八。
(13) ワルラスの社会主義思想については、御崎加代子『ワルラスの経済思想』(名古屋大学出版会、一九九八)に詳しい。
(14) J・A・シュムペーター『経済分析の歴史』東畑精一訳、岩波書店、一九五五―六二。
(15) かく言うシュンペーター自身が、資本主義において巨大化する企業の官僚化がもたらす技術革新の停滞を救うものとして社会主義の官僚に期待をかけるのだから、今日の目から見れば、いかがわしさではワルラスに勝るとも劣らないのではあるが(J・A・シュムペーター『資本主義・社会主義・民主主義〔新装版〕』中山伊知郎・東畑精一訳、東洋経済新報社、一九九五)。
(16) 根岸隆『ワルラス経済学入門』(岩波書店、一九八五)は、この方程式群をさらに一二本に簡略化し、解が持つ意味合いを分かりやすく説明している。
(17) 根岸前掲書に解説がある。
(18) 初版の出版年次。前半・後半の二分冊として出版された。最終決定版として第四版を一九〇〇年に出版し、ワルラスは一九一〇年に没した。
(19) アメリカでは有力な大学の多くがそうした資産家からの献金で成り立っていることを思えば、資産家たちの消費行動を皮肉ったヴェブレンが大学に職を求めにくかった理由は容易に想像がつくだろう。

(20) ロバート・L・ハイルブローナー『入門経済思想史　世俗の思想家たち』八木甫ほか訳、ちくま学芸文庫、二〇〇一。
(21) 根岸隆「A・マーシャル――新古典派経済学の創始者」『経済思想⑤　経済学の古典的世界2』日本経済評論社、二〇〇五。
(22) それゆえ産業の標準的技術に対する企業内部における破壊的な革新に注目するシュンペーターからは批判を受けている。
(23) 両著の連続性を「経済生物学」の観点から強調するものとして、岩下伸朗『マーシャル経済学研究』（ナカニシヤ出版、二〇〇八）がある。
(24) 第一分冊：第一篇　産業と商業の現在における諸問題の起源
第二分冊：第二篇　企業組織の支配的な諸傾向
第三分冊：第三篇　独占的諸傾向。公共の福祉との関係
(25) 以下、"*The Ethics of Competition*", 1935 所収。なお、ナイトの倫理観については佐藤方宣「フランク・ナイトにおける市場経済の倫理的検討」（『三田学会雑誌』九三巻一号、二〇〇〇）を参照した。
(26) 日本でも、「将来不安」にかんして「危険」の確率計算から処理できるとする立場が主流である。これに対し筆者は一九九七年以来の不況がナイトの意味での不確実性にもとづく流動性の罠によって生じたと理解している。拙著『分断される経済』（NHKブックス、二〇〇五）参照。
(27) Karl Polanyi, "*The Livelihood of Man*", 1977（『人間の経済　I市場社会の虚構性　II交易・貨幣および市場の出現』玉野井芳郎・栗本慎一郎・中野忠訳、岩波書店、二〇〇八）。
(28) 一般書として、ダン・アリエリー『予想どおりに不合理』（熊谷淳子訳、早川書房、二〇〇八）が概略

を紹介している。

(29) 消費支出が可処分所得に占める割合。

(30) 資本がもたらす予想収益の現在値と、資本の購入価格とを等しくする割引率。

(31) 金銭的な購買力の裏づけのある需要。ケインズは経済全体につきこの語を用い、消費・投資・政府支出および純輸出の和からなるとした。

(32) J. M. Keynes, "*The Collected Workings of John Maynard Keynes*" volXIV

(33) (新)古典派ではすべての商品や資産につき需給が均衡しているとされるから、どれもが等しい売れやすさを持ち流動性は一〇〇%ということになり、流動性という概念を持ち込むことじたいをナンセンスとみなすであろう。

(34) ケインズはなるほど景気対策として公共投資を推奨したが、それは乗数効果を求めてというよりも、「確信の回復」を狙ってのことであろう。

(35) 貨幣が商品や資産と交換されるための前提条件が将来に向けての漠然とした「確信」であり、流動性の罠が生じる理由が不安であると指摘したのがケインズであった。流動性は、中央銀行の発行する紙幣ですら失うことがありうる。旧ソ連の末期、ルーブル紙幣が受け取ってもらえなくなり、代わりに米国製の煙草(マルボロ)が一般的受容性のある貨幣として流通したことがある。

(36) 小泉「構造改革」の本質が雇用・土地・金融という生産要素の市場化、ないし慣行・規制・制度(総じて「構造」と呼ばれる)の解体であり、まさにポラニーが批判した「経済の社会からの分離」であったことについては、拙著『長期不況論』(NHKブックス、二〇〇三)が指摘している。

(37) ここで『経済学』を経済学の古典として紹介しなかったのは、それが幾度も改訂され、サムエルソンのオリジナルな思想を留めなくなったからである。

(38) サムエルソンが本書で示したオリジナルな思想というべきものは、(ワルラス的な一般均衡理論の応用である)比較静学と、マクロ経済学を集計量にかんする一般均衡ととらえる見方であろう。

(39) ケインズの伝記については、膨大な資料群を解析したR・スキデルスキーによるものが第一級の業績(『ジョン・メイナード・ケインズ　裏切られた期待　一八八三―一九二〇年』Ⅰ・Ⅱ、宮崎義一監訳・古屋隆訳、東洋経済新報社、一九八七、九二)。バランスの取れた紹介としては、G・ドスタレール『ケインズの闘い』(鍋島直樹・小峯敦監訳、藤原書店、二〇〇八)がある。

(40) 伊藤邦武『ケインズの哲学』岩波書店、一九九九。

(41) これら一連の論文は、F. A. Hayek, "*Individualism and Economic Order*", 1949 (嘉治元郎、嘉治佐代訳『個人主義と経済秩序』春秋社、二〇〇八)。なお、近年の情報科学において主観主義を徹底させたものに西垣通『続　基礎情報学』(NTT出版、二〇〇八)があり、ハイエクの一連の知識論が予見したものの拡がりが分かる。

(42) 同書、「経済学と知識」

(43) ガルブレイスは経済を数学モデルで記述し、その変動を分析するといった手法は採らないが、戦後の先進国経済が中間層を軸として大量生産・大量消費を実現し、安定的に成長したことをモデルを用いながら分析するものにレギュラシオン学派がある。山田鋭夫『レギュラシオン理論』(講談社現代新書、一九九三)に簡潔かつ平明な解説がある。

(44) ハイエクが最終的に信じるのが、法の支配にもとづく自由な社会がもたらす秩序や進化である。ハイエクにおいては貨幣もまたそうした社会に基盤をおいて自生的に生み出されるものだが、ケインズにおいては将来の社会が不確実であり確信できなくなったとき、貨幣は過剰に保有され不況の原因となる。なお、ウェーバーとゾンバルトは資本主義の勃興を促した価値意識をカルヴィニズムとユダヤ教のいずれかに特定しようと争ったが、ハイエクの論理からすれば、いずれが適しているかは市場が事後的に明らかにするとしか言えないであろう。

(45) 年功賃金や長期雇用といった「日本的経営」、下請け企業との長期的取引、旧大蔵省を中心とした「護送船団方式」やメインバンク制などもハイエク的には自生的なルールの一種であろう。

(46) スミスとハイエクの違いは、スミスが道徳感情としての共感の成立を想像上の「立場の交換」から導くのに対し、ハイエクが「模倣」にもとづく文化の伝搬というに留めている点にあると思われる。

(47) 証券取引委員会ではなく特捜部が出動したライブドア事件および村上ファンド事件を想起されたい。アメリカではこうした事態を避けるべく、日本の何倍かの人員が証券取引委に割かれている。

(48) Douglas, Mary, "*The World of Goods: Towards an Anthropology of Consumption, with Baron Isherwood*", 1979 (『儀礼としての消費』浅田彰・佐和隆光訳、新曜社、一九八四年)。

(49) Barthes, Roland, "*Système de la Mode*", 1967 (佐藤信夫訳『モードの体系 その言語表現による記号学的分析』みすず書房、一九七二)

(50) ここから、差別等でナショナル・ミニマムをも事欠く人々に補償すべきであるというアファーマティブ・アクションが正当化される。

(51) ロールズの福祉主義そのものについては、ハイエクは批判的である (H. A. Hayek, "*The Fatal Conceit: the Errors of Socialism*", 1988)。

(52) 日本に学んだとされるアジア諸国の八〇年代の発展を、リー・クアン・ユー元シンガポール大統領などに、国民が個々人の自由よりも国家への忠誠を重視するという非西欧的な「アジア的価値」によって実現したと主張する。対照的にセンは、日本においては初等教育や医療、人材養成や企業への信用供与がまず実施され、そうした民主主義的な社会基盤ゆえに「人間的発展」が実現したのだという。それが宗教的な寛容を伝統とするアジアにも根づいたのであって、権威主義が発展をもたらしたのではないとするのである（A・セン『貧困の克服』大石りら訳、集英社新書、二〇〇二）。

※『経済思想』全一一巻（日本経済評論社、二〇〇四―〇七）を、適宜参照した。

ちくま新書
785

# 経済学《けいざいがく》の名著《めいちょ》30

二〇〇九年五月一〇日　第一刷発行
二〇一八年二月五日　第三刷発行

著者　松原隆一郎（まつばら・りゅういちろう）
発行者　喜入冬子
発行所　株式会社筑摩書房
東京都台東区蔵前二-五-三　郵便番号一一一-八七五五
電話番号〇三-五六八七-二六〇一（代表）
装幀者　間村俊一
印刷・製本　株式会社精興社

ISBN978-4-480-06491-2　C0233

263
消費資本主義のゆくえ
――コンビニから見た日本経済
松原隆一郎
既存の経済理論では説明できない九〇年代以降の消費不況。戦後日本の行動様式の変遷を追いつつ、「消費資本主義」というキーワードで現代経済を明快に解説する。

654
歴史学の名著30
山内昌之
世界と日本を知るには歴史書を読むのが良い。とはいえ古典・大著は敷居が高い。そんな現代人のために古今東西の名著から第一人者が精選した、魅惑のブックガイド。

655
政治学の名著30
佐々木毅
古代から現代まで、著者がその政治観を形成する上でたえず傍らにあった名著の数々。選ばれた30冊は混迷を深める時代にこそますます重みを持ち、輝きを放つ。

718
社会学の名著30
竹内洋
社会学は一見わかりやすそうで意外に手ごわい。でも良質の解説書に導かれれば知的興奮を覚えるようになる。30冊を通して社会学の面白さを伝える、魅惑の入門書。

744
宗教学の名著30
島薗進
哲学、歴史学、文学、社会学、心理学など多領域から宗教理解、理論の諸成果を取り上げ、現代における宗教的なものの意味を問う。深い人間理解へ誘うブックガイド。

035
ケインズ
――時代と経済学
吉川洋
マクロ経済学を確立した20世紀最大の経済学者ケインズ。世界経済の動きとリアルタイムで対峙して財政・金融政策の重要性を訴えた巨人の思想と理論を明快に説く。

533
マルクス入門
今村仁司
社会主義国家が崩壊し、マルクス主義が後退した今、マルクスを読みなおす意義は何か？　既存のマルクス像からはじめて自由になり、新しい可能性を見出す入門書。

## ちくま新書

001 **貨幣とは何だろうか**
今村仁司
人間の根源的なあり方の条件から光をあてて考察する貨幣の社会哲学。世界の名作を「貨幣小説」と読むなど貨幣への新たな視線を獲得するための冒険的論考。

132 **ケアを問いなおす**
——〈深層の時間〉と高齢化社会
広井良典
高齢化社会において、老いの時間を積極的に意味づけてゆくケアの視点とは？　医療経済学、医療保険制度、政策論、科学哲学の観点からケアのあり方を問いなおす。

166 **戦後の思想空間**
大澤真幸
いま戦後思想を問うことの意味はどこにあるのか。戦前の「近代の超克」論に論及し、現代が自由な社会であることの条件を考える気鋭の社会学者による白熱の講義。

283 **世界を肯定する哲学**
保坂和志
思考することの限界を実感することで、逆説的に〈世界〉があることのリアリティが生まれる。特異な作風の小説家によって問いつづけられた、「存在とは何か」。

377 **人はなぜ「美しい」がわかるのか**
橋本治
「美しい」とはどういう心の働きなのか？「合理性」や「カッコよさ」とはどう違うのか？　日本の古典や美術に造詣の深い、活字の鉄人による「美」をめぐる人生論。

382 **戦争倫理学**
加藤尚武
戦争をするのは人間の本能なのか？　絶対反対を唱えれば何とかなるのか？　報復戦争、憲法九条、カントなどを取り上げ重要論点を総整理。戦争抑止への道を探る！

415 **お姫様とジェンダー**
——アニメで学ぶ男と女のジェンダー学入門
若桑みどり
白雪姫、シンデレラ、眠り姫などの昔話にはどのような意味が隠されているか。世界中で人気のディズニーのアニメを使って考えるジェンダー学入門の実験的講義。

# ちくま新書

432 「不自由」論——「何でも自己決定」の限界　仲正昌樹
「人間は自由だ」という考えが暴走したとき、ナチズムやマイノリティ問題が生まれる——。逆説に満ちたこの問題を解きほぐし、21世紀のあるべき倫理を探究する。

469 公共哲学とは何か　山脇直司
滅私奉公の世に逆戻りすることなく私たちの社会に公共性を取り戻すことは可能か？　個人を活かしながら公共性を開花させる道筋を根源から問う知の実践への招待。

473 ナショナリズム——名著でたどる日本思想入門　浅羽通明
小泉首相の靖国参拝や自衛隊のイラク派遣、北朝鮮による拉致問題などが浮上している。十冊の名著を通して、日本ナショナリズムの系譜と今後の可能性を考える。

474 アナーキズム——名著でたどる日本思想入門　浅羽通明
大杉栄、竹中労から松本零士、笠井潔まで十冊の名著をたどりながら、日本のアナーキズムの潮流を俯瞰する。常に若者を魅了したこの思想の現在的意味を考える。

539 グロテスクな教養　高田里恵子
えんえんと生産・批判・消費され続ける教養言説の底に潜む悲痛な欲望を、ちょっと意地悪に読みなおす。知的マゾヒズムを刺激し、教養の復権をもくろむ教養論！

569 無思想の発見　養老孟司
日本人はなぜ無思想なのか。それはつまり、「ゼロ」のようなものではないか。「無思想の思想」を手がかりに、日本が抱える諸問題を論じ、閉塞した現代に風穴を開ける。

578 「かわいい」論　四方田犬彦
キティちゃん、ポケモン、セーラームーン——。日本製のキャラクター商品はなぜ世界中で愛されるのか？「かわいい」の構造を美学的に分析する初めての試み。

## ちくま新書

657 グローバル経済を学ぶ 野口旭

敵対的TOB、ハゲタカファンド、BRICs、世界同時株安……。ますますグローバル化する市場経済の中で、正しい経済学の見方を身につけるための必読の入門書。

729 閉塞経済 ——金融資本主義のゆくえ 金子勝

サブプライムローン問題はなぜ起こったのか。格差社会がなぜもたらされたのか。現実経済を説明できなくなった主流経済学の限界を指摘し、新しい経済学を提唱する。

735 BRICsの底力 小林英夫

存在感を増すブラジル（B）、ロシア（R）、インド（I）、中国（C）の4カ国。豊富なデータを交えながら躍進の秘密を分析し、次代の展望を明確に記す。

737 エコノミック恋愛術 山崎元

恋愛と経済はよく似ている。情報を集め、戦略を練り、判断を下す。この点がどちらも同じだからだ。「経済学のツボ」と「恋愛のコツ」を楽しく学べる極意書。

743 株とギャンブルはどう違うのか ——資産価値の経済学 三土修平

株式投資に夢を見る前に知っておくべき基礎がある。資産価値はどう決まるのか。その値上がり益とは何か。値動きの背後にある法則を経済学の視座から平明に説く。

770 世界同時不況 岩田規久男

二〇〇八年秋に発生した世界金融危機は、百年に一度の未曾有の危機といわれる。この世界同時不況は、一九三〇年代の世界大恐慌から何を教訓として学べるだろうか。

780 資本主義の暴走をいかに抑えるか 柴田德太郎

資本主義とは、不安定性を抱えもったものだ。これに対処すべく歴史的に様々な制度が構築されてきたが、現在、世界を覆う経済危機にはどんな制度で臨めばよいのか。